擎旗奋进 再出发

现代化煤矿建设探索与实践

华阳一矿党委 编

人民日报出版社
北京

图书在版编目（CIP）数据

擎旗奋进再出发：现代化煤矿建设探索与实践 / 华阳一矿党委编 . -- 北京：人民日报出版社，2024.6

ISBN 978-7-5115-8295-9

Ⅰ . ①擎… Ⅱ . ①华… Ⅲ . ①煤矿企业 - 煤矿建设 - 研究 - 中国 Ⅳ . ① F426.21

中国国家版本馆 CIP 数据核字（2024）第 099953 号

书　　名：**擎旗奋进再出发：现代化煤矿建设探索与实践**
　　　　　QINGQI FENJIN ZAICHUFA: XIANDAIHUA MEIKUANG JIANSHE
　　　　　TANSUO YU SHIJIAN

编　　者：华阳一矿党委

出 版 人：刘华新

责任编辑：梁雪云　葛　倩

版式设计：九章文化

出版发行：人民日报出版社

社　　址：北京金台西路 2 号

邮政编码：100733

发行热线：(010) 65369509　65369527　65369846　65363512

邮购热线：(010) 65369530　65363527

编辑热线：(010) 65369526　65363486

网　　址：www.peopledailypress.com

经　　销：新华书店

印　　刷：炫彩（天津）印刷有限责任公司

法律顾问：北京科宇律师事务所　010-83622312

开　　本：710mm×1000mm　1/16

字　　数：268 千字

印　　张：19.75

版次印次：2024 年 6 月第 1 版　　2024 年 6 月第 1 次印刷

书　　号：ISBN 978-7-5115-8295-9

定　　价：88.00 元

本书编委会

主　编：刘　江　侯志勇

副主编：赵建军　梅雨清　高临君

成　员：朱俊臣　赵　贤　王立军　刘　帅

　　　　胡书铭　吕旭东　马国栋　裴建盛

　　　　李　翔　赵　军　付　凯

序言

鉴往而知来，存史以资治。在华阳集团上下深入学习贯彻党的二十大精神，坚定不移走好、走深、走实高质量发展之路，为全面建设安全华阳、高效华阳、创新华阳、绿色华阳、幸福华阳而努力奋斗的关键时期，集团旗下主力矿井——华阳一矿编辑出版《擎旗奋进再出发——现代化煤矿建设探索与实践》一书，全面展示了一矿68年建设改革发展的巨大成就，深入探究了促进高质量发展的时代课题，对于宣传企业文化塑造形象、凝聚智慧砥砺前行、增强自信推动发展具有重大意义。

功崇惟志，业广惟勤。为了满足国民经济建设的需要，1956年7月21日，华阳一矿应运而生，拉开了为国家建设奉献滚滚乌金的历史大幕。68年来，一矿在新中国社会主义建设热潮中艰苦创业，在改革开放中茁壮成长，在新时代做强做优做大，完成了从投产时年产32万吨原煤到最高年产千万吨商品煤的历史跨越，实现了从默默无闻小煤窑到享誉全国特大型煤炭企业的华丽转身，企业实力持续增强，安全管控水平不断提升，科技创新日新月异，职工幸福指数显著攀升；建成国家首批智能化示范煤矿，入选国家级绿色矿山名录；连续6届保持"全国文明单位"称号，先后荣获"全国先进基层党组织""全国'五一'劳动奖状"等省部级以上荣誉221项，涌现出王双龙、张瑞科、张玉田，特别是党的十五大代表、全国劳模邢军，十三届全国人大代表、全国五一劳动奖章获得者姚武江，党的二十大代表、全国技术能手、享受国务院政府特殊津贴专家李杰等一大批干在实处、走在前列、勇立潮头的时代楷模和矿山脊梁；更铸就了以"站排头不让、扛红旗不倒"的争先精神、"特别能吃苦、特别能战斗"的拼搏精神、"团结奋斗、真抓实干"的务实精神、"守正出新、与时俱进"的创新精神和"坚守初心、勇担使命"的奉献精神为内在核心的"一矿精神"，为一矿高质量发展积蓄了磅礴的精神力量、坚实的物质基础和丰厚的人才资源，为华阳集团强力推进"双轮驱动"战略，实现安全、低碳、高效、绿色发展发挥了巨大的支撑作用。

　　企业大发展，需要能力大提升。华阳集团的发展史，就是一部重视学习、善于学习、勤于学习，不断赢得主动、赢得优势、赢得发展的历史。一矿作为集团公司的骨干矿井，始终注重以学习推动干部职工提升思想境界、锤炼道德品行、克服本领恐慌、提高能力水平，特别是近年来一矿党委探索推行"4+"学习工作法，不断提高干部职工的政治素质、理论水平和业务能力，推动各项工作走在了集团公司前列。

　　历史是最好的教科书。编辑出版《擎旗奋进再出发——现代化煤矿建设探索与实践》一书，就是要通过追忆奋斗的足迹，启迪发展的智慧。此书是研究总结一矿历史经验、促进工作发展的工具书，是对广大干部职工进行爱党、爱国、爱企、爱岗教育的生动教材，是供社会各界充分认识和了解企业发展历程的重要窗口，更是开展学习贯彻习近平新时代中国特色社会主义思想主题教育和"四爱"活动结出的累累硕果。

回望过往的奋斗路、眺望前方的奋进路。站在新起点上，新时代的一矿人将会坚守做好煤炭事业初心，坚定做强做精做优煤炭产业决心，以龙腾虎跃、鱼跃龙门的干劲闯劲，以滚石上山、克难奋进的毅力决心，紧紧围绕高质量发展这条主线，大力发展新质生产力，锚定目标、真抓实干，团结奋斗、争创一流，全方位打造本质安全型、高产高效型、绿色发展型、智能示范型、党建引领型现代化精品标杆矿井，当好华阳集团安全生产示范排头兵和主力矿井领头羊，为全面建设安全华阳、高效华阳、创新华阳、绿色华阳、幸福华阳作出新的、更大的贡献！

杨乃时

2024 年 4 月

目录

党建工作篇

弘扬"一矿精神" 打造"旗·首"品牌 ⋯⋯⋯⋯⋯⋯⋯⋯ 刘 江 / 003

扛责履责清廉 发挥监督保障作用 ⋯⋯⋯⋯⋯⋯⋯⋯ 梅雨清 / 013

做好一矿工会工作 助力一矿高质量发展 ⋯⋯⋯⋯⋯ 赵建军 / 019

推动全面从严治党在国企落地 ⋯⋯⋯⋯⋯⋯⋯⋯⋯⋯ 赵红武 / 025

加强煤矿企业基层党组织建设的问题与对策 ⋯⋯⋯⋯ 高海亮 / 031

做职工的贴心人 当企业的护航者 ⋯⋯⋯⋯⋯⋯⋯⋯ 李茂林 / 036

为创建清廉国企提供政治纪律保障 ⋯⋯⋯⋯⋯⋯⋯⋯ 张勇芳 / 040

党务工作的"五个突出抓好" ⋯⋯⋯⋯⋯⋯⋯⋯⋯⋯⋯ 王立军 / 045

案例1 "四强化 五管控"促进干部高效履职 ⋯⋯⋯⋯⋯⋯⋯ / 051

案例2 "微党课"让党员教育活起来 ⋯⋯⋯⋯⋯⋯⋯⋯⋯⋯ / 055

案例3 丰富廉政宣教形式 打造特色清廉文化 ⋯⋯⋯⋯⋯⋯ / 059

案例4 网上诉求平台化解信访事项"1+5"工作法 ⋯⋯⋯⋯ / 062

案例5 以党的建设促进"服务+素质"双提升 ⋯⋯⋯⋯⋯⋯ / 065

高质量发展篇

以"四爱"教育活动实效推动企业高质量发展

　　再上新台阶 ⋯⋯⋯⋯⋯⋯⋯⋯⋯⋯⋯⋯⋯⋯⋯⋯ 侯志勇 / 071

担当作为强管理 实干笃行促发展 ⋯⋯⋯⋯⋯⋯⋯⋯ 高临君 / 079

在企业全方位推进高质量发展中守心拓路敦行

  竞进   郭 震 / 086

为一矿高质量发展提供法务保障   李大卫 / 096

发挥督查督办职能   促进决策部署高质量落实   翟晓强 / 100

案例 1   构建"四个全""四提升"工作机制   护航

        企业高质量安全发展   / 106

案例 2   抢占"智"高点   绘就"煤"好未来   / 115

案例 3   加快发展新质生产力一线行:厉害了!

        咱的机器人"同事"之找茬"小黄人"   / 119

案例 4   一矿 29 天完成一综放面拆除   / 122

案例 5   "煤田"到"绿海"的嬗变   / 123

案例 6   一矿综掘二队:破解掘进提效"密码"   / 125

安全生产篇

坚持以系统观念组织好安全生产工作   时付军 / 129

牢固树立安全发展理念   坚决筑牢安全生产防线   王 姣 / 134

"三强化三提升"筑牢矿山安全屏障   杨海燕 / 139

如何优化煤矿安全生产系统   张 钎 / 145

一矿开掘系统综合安全体系的建立与应用   王俊伟 / 149

牢记初心使命   忠诚履职担当   付培冬 / 154

"五个不断"问初心   安全生产见实效   王玉中 / 161

加强安全宣传教育   筑牢思想安全防线   赵 贤 / 166

抓实职工安全自保"四要素" 提升企业安全发展

　"支撑力" 赵　军 / 171

案例 1　创建"3+9"安全文化体系　筑牢安全基石 / 177

案例 2　"三个"坚持　夯实安全基础 / 180

案例 3　强基础　固基功　打造安全高产高效旗舰队 / 183

案例 4　标准为基　智能为要　全力打造标准化智能化

　标杆队 / 186

案例 5　严管理强执行抓落实　让安全生产亮起绿灯 / 189

倍加珍惜干事平台　奋发有为奉献岗位 郭盛华 / 195

浅谈如何在工作中提高职业素养 王素立 / 201

煤炭从业者如何脚踏实地 杜达文 / 205

真抓实干　笃行不怠　以实际行动助推企业

　高质量发展 高占龙 / 210

思路决定出路　行动决定结果 范发龙 / 215

学好工作十八法　争做优秀管理者 张星波 / 220

干好工作的格局与方法 朱俊臣 / 224

以实干为桨　共建幸福一矿 杨育君 / 229

铭记爱党爱国爱企爱岗的奋斗初心 魏新龙 / 235

从"工作"说开去 田寒文 / 240

在新征程的奋进上继续弘扬精神之光 王志民 / 247

建树优秀企业文化　聚力打造幸福矿山 周重华 / 252

"四爱"教育篇

以实干笃定前行　踔厉奋发开启未来 　　　　　　　　付　凯 / 257

案例 1　厚植"爱党、爱国、爱企、爱岗"情怀　以实际行动助

　　　　推企业高质量发展 　　　　　　　　　　　　　　/ 263

案例 2　一矿青年乔锋好样的 　　　　　　　　　　　　　/ 267

案例 3　矿工满意是我们的目标 　　　　　　　　　　　　/ 269

对话劳模李杰：成绩是通过一次次实践一次次总结

　　　得来的 　　　　　　　　　　　　　　　　李彦斌 / 273

传承工匠精神　践行技能报企 　　　　　　　　　　姚武江 / 276

综采队的"文人队长"

　　　——记"全国煤炭工业劳动模范"、华阳集团一矿

　　　调度室主管刘世明 　　　　　　　　　　　　张　哲 / 281

甘做井下技术兵

　　　——记综采维修电工金奖获得者杨清 　　张园园　王　伟 / 286

"90 后""煤亮子"成长记 　　　　　　　　冯　倩　商　勇 / 290

向下扎根在煤海　向上生长做栋梁

　　　——华阳大学生采掘队长的故事 　　　　王　洋　王　伟 / 293

煤海深处的"开路先锋"

　　　——记一矿生产衔接部综掘一队 　　　　　　　张　哲 / 298

爱岗敬业篇

擎旗奋进再出发

党建工作篇

弘扬"一矿精神" 打造"旗·首"品牌

刘 江

坚持党的领导、加强党的建设，是国有企业的"根"和"魂"。作为走过 68 年峥嵘岁月的华阳集团特大型主力矿井，一矿在全力推进高质量发展、奋力打造现代化精品标杆矿井新征程中，充分拉动红色引擎，大力弘扬历久弥新、内涵丰富、与时俱进的"一矿精神"，聚力打造以"旗·首"为核心的党建"一字"品牌，以高质量党建引领高质量发展，努力跑出新时代加速度，在新征程中彰显新作为。

一、坚持以政治建设为引领，在学思践悟中坚定发展航向

习近平总书记指出，党的政治建设是党的根本性建设，决定党的建设方向和效果。一矿党委始终牢记国有企业的政治属性，坚持把旗帜鲜明讲政治放在首位。突出学习引领，严格落实"第一议题"制度，强力推进"4+"学习工作法，以周小学＋月度学、引领学＋交流学、专题学＋订单学、线上学＋线下学，不断增进对习近平新时代中国特色社会主义思想的政治认同、思想认同、理论认同和情感认同。突出政治规矩，规范"两个'一以贯之'"和民主集中制原则政治纪律；严格执行党委会前置研究讨论程序和"三重一大"决策制度，把党的

▲ 认真组织党委理论中心组学习

领导制度优势转化为企业治理效能。突出实践锻炼，坚持问题导向，大兴调查研究之风"到现场写实去"，以智能化矿井建设为引领，以提能增效为核心，以夯实安全保障能力为基础，以一优三减为途径，打造华阳集团单进标杆示范矿井和高产高效现代化矿井。

二、坚持以思想建设聚人心，在赓续精神中永葆基业长青

建矿 68 年，一矿由小到大、由弱变强，完成了从投产时年产 32 万吨原煤到最高年产千万吨商品煤的历史跨越，实现了从默默无闻小煤窑到享誉全国特大型煤炭企业的华丽转身，铸就了以"站排头不让、扛红旗不倒"的争先精神、"特别能吃苦、特别能战斗"的拼搏精神、"团结奋斗、真抓实干"的务实精神、"守正出新、与时俱进"的创新

精神和"坚守初心、勇担使命"的奉献精神为内在核心的"一矿精神"。"一矿精神"是对中华优秀传统文化的传承和发展，是对忠诚践行社会主义核心价值观和华阳集团干事文化的生动诠释，是激励全矿干部职工勇担使命、团结奋斗、再创佳绩的精神支柱和宝贵财富。回望来时路，我们靠"一矿精神"、团结奋斗创造了辉煌历史。奋进新征程，我们要以"一矿精神"为源头，抓实抓牢思想建设。一是提升思想政治工作水平。聚焦"强根基、促发展、展形象、激活力、办实事"五个着力点，把"党的建设、形势教育、文明建设、文化建塑、民生关怀"五方面融入思想政治工作，让思想政治工作更有温度，在创新中走深走实。二是抓牢意识形态工作。牢牢把握意识形态工作领导权、主动权、话语权，用好华阳一矿公众号，做实形势任务教育，加强网络舆情管控，弘扬传播正能量。三是加大宣传引导力度。大力宣传以邢军、任海平、李杰、姚武江为代表的劳模先进，培养造就更多"大国工匠"和"全国最美职工"；深入开展"爱党、爱国、爱企、爱岗"主题教育活动，让"全国文明单位"这个金字招牌擦得更亮、叫得更响。

三、坚持以组织建设夯基石，在争当"旗·首"中建强阵地堡垒

认真贯彻落实党的二十大关于新时代党的建设总要求，紧紧围绕企业中心工作，聚力打造"旗·首"党建品牌，不断提升"大抓基层"的自觉性和主动性，全力建设政治功能强、支部班子强、党员队伍强、作用发挥强的"四强"党支部，使党组织的战斗力真正转化为企业高质量发展的核心竞争力。

（一）聚力打造"旗·首"党建品牌。"旗"就是旗帜，时刻高举党旗、国旗和习近平新时代中国特色社会主义思想伟大旗帜，处处向旗帜看齐，不断提高政治判断力、政治领悟力、政治执行力，用党的创新理论武装头脑、指导实践、推动高质量发展；"首"就是第一，扛牢第一责任，弘扬第一精神，

"旗·首"党建"一字"品牌

打造政治坚定、执行有力、引领有方的"一面旗帜"

打造信念如磐、思想如炬、崇德向上的"一扇窗户"

打造政治力高、组织力好、战斗力强的"一座堡垒"

打造素质优良、技能高超、业绩突出的"一支劲旅"

打造政治生态好、干事创业精气神充盈的"一张名片"

打造获得感更强、幸福感更高、安全感更深的"一道风景"

打造想干事、会干事、干成事的"一种典范"

争创一流业绩，以唯旗是夺的坚定决心、争先创优的果敢斗志、当仁不让的壮志豪情，争一流、当标杆、作表率，站稳排头兵位置。"旗"是导航塔，只有航向正确，才能胜利抵达彼岸；"首"是最高峰，只有"山高人为峰"，才能"一览众山小"。两者之间是相辅相成、缺一不可的关系。各级党组织紧跟矿党委"旗·首"党建"一字"品牌创建思路和步伐，紧密结合本系统、本单位实际，横向拓展、纵向延伸，卓有成效开展各具特色、亮点纷呈的分项品牌创建，为"旗·首"整体党建品牌创建增光添彩。

"旗·首"党建品牌不仅是党建工作的创新举措，更是"一矿精神"的发展与升华，二者必须紧密结合，同向发力。我们既要弘扬和传承好"一矿精神"，又要全力创建"旗·首"党建品牌，通过做实做优做精党建工作，让"一矿精神"更有活力、更有动力，让一矿发展更有潜力、更具竞争力。

（二）合力打造"四强"党支部。一是持续推进"五化"建设，打造政治功能强党支部。提升党支部的政治功能，认真组织"三会一

课"、主题党日、党员过"政治生日"等党内政治生活，确保党员教育管理"一个也不能少"。提升党支部的组织功能，引深支部书记优秀党课、百名先锋党员微党课；加强党性教育锤炼，综合运用专题教学、体验式教学、情景式教学等形式，全方位拓宽延伸党员学习教育渠道；抓实支部"过筛子"专项行动，大力整治软弱涣散党支部。二是深入推进素质能力提升工程，打造支部班子强党支部。强力推行支部书记"三训四高"培训机制，巩固提升"以考促知"模式，推广运用"以赛促学"模式，坚持用好"以评促改"模式，激发支部书记认真履行党建第一责任人职责的动力。三是持续推进队伍整体全面过硬，打造党员队伍强党支部。全面开展党员"六比六争"竞赛活动：比安全，争规范作业"当标兵"；比质量，争技能高超"出精品"；比创新，争破解难题"创效益"；比管理，争效能提升"上水平"；比修养，

▲ 持续创优党员先进性

争当品德兼优"高尚人";比稳定，争做遵章守纪"守法人"。持续创优党员的政治品质、职业素养、工作标准和工作业绩。四是精心组织"党建＋"精品工程，打造作用发挥强党支部。围绕安全生产、提质增效、智能化建设等重点工作，抓实党建项目化，大力实施"一支部一品牌"创建活动，深入开展"党建＋安全管控""党建＋高产高效""党建＋惠经营""党建＋智慧平台""党建＋优质服务"等一系列品牌创建，有力推动党建工作与中心工作深度融合。认真

"3+9"安全文化建设体系

"3"，通过重点工种实操培训、"日日学、月月考"工作机制、依法持证培训监督三个抓手，不断强化全员安全思维，提高个人综合技能素质。

"9"，通过安全行为养成、"二五"安全活动、事故案例教育、"三违"帮教、"12·60"身心调适、安全包保和党员包保、战"三危"反"三违"、自保互保联保、岗前思考九种途径，广泛开展安全文化建设工作。

落实"安全是管出来的"理念，在"十真"管理上下功夫，夯实"567"工作模式，以"五清楚、六必帮、七必谈"为主要内容，从源头上把握安全不放心人员的思想脉搏，对症下药"治病救人"。深入推进"3+9"安全文化建设，进一步提升职工安全行为养成和正规操作本领，打造具有煤矿亮点、一矿特色的安全文化，实现本质安全。

四、坚持以人才建设强动力，在干事创业中锻造中流砥柱

没有人才支撑的企业，是没有竞争力的企业，是行不稳、走不远的企业。我们不断强化"人才是第一资源"思想，狠抓干部职工队伍建设，弘扬"想干事、会干事、干成事、不出事"的干事文化，为企业高质量发展提供坚实有力的人才保障。一是悉力打造素质优良、技能高超、业绩突出的职工队伍。以实现岗位成才、推动创新

创效为出发点，以新时期产业工人队伍建设改革为契机，抓紧抓实高校生培养和高技能人才队伍建设，从加强顶层设计、实施分类培养、规范使用管理、健全激励机制等方面，积极营造"尊重知识、尊重人才、尊重创造"和"有技术吃香、靠本事挣钱"的浓厚氛围。落实和保证特殊工种、首席技师政策及待遇，重奖创新项目和科技功臣，确保人才能"引得来""留得住""用得好"。二是奋力打造作风优良、忠诚担当、敢拼善赢的干部队伍。坚持正确的选人用人导向，破除"四唯"倾向，把品格好、能力强、素质高、有担当的人才选拔任用到重要岗位、关键岗位上。创新构建"四强化 五管控"管理体系，不断加强和改进干部履职质量。用好《管理人员"不作为、慢作为、乱作为、不善为"行为问责办法》，下大力整顿"躺平式"干部、"天桥式"干部、"两面式"干部、"鸵鸟式"干部，实现干部工作作风持续转变、履职能力不断提升。充分发挥"头雁"效应，以拼的精神团结奋斗、苦干实干、担当作为、砥砺闯劲，打造一支特别讲政治、特别有担当、特别能吃苦、特别能战斗、特别讲奉献、特别守纪律的"六特干部"队伍。

五、坚持以廉政建设护航程，在清风廉韵中创优政治生态

清廉是企业最亮丽的"名片"。我们认真学习贯彻二十届中央纪委三次全会、省纪委十二届四次全会和集团公司全面从严治党暨党风廉政建设工作会精神，深刻领悟习近平总书记关于党的自我革命的重要思想，充分认识全面从严治党和党风廉政建设的重要性、紧迫性、艰巨性和长期性，持续创优风清气正政治生态，积极争创清廉国企示范单位。

（一）知责明责履责，推动全面从严治党主体责任落实落地。一是抓实各级党组织主体责任。加强党员教育管理，经常性开展政治教育、廉洁教育、作风教育、党章党规、党性党风、党纪教育等活动。针对党员违纪违法、严重"四风"问题，出台并严格执行《华阳一矿重拳整治党员干部酒驾醉驾、赌博吸毒等违法行为的硬措施》，坚决遏制党员干部违法行为高发态势。二是抓牢党组织书记第一责任。党组织书记把履行好第一责任人职责作为自己的主责主业，对本单位班子成员及所属支部发现的政治、思想、作风、纪律等方面苗头性、倾向性问题，及时进行提醒谈话和批评教育；经常开展调查研究，做好答疑解惑、化解矛盾、说服教育工作，全力维护内部稳定。三是抓紧班子成员"一岗双责"。认真做好分管领域廉洁风险点防控和干部职工日常的廉洁自律教育、作风督查、制度落实等工作，确保业务工作管到哪里，党风廉政建设就深入到哪里。

（二）扛牢纪委监督首责，在政治监督、日常监督、专项监督上一"严"到底。一是做优政治监督。围绕"六个聚焦"继续深入开展"点穴式"监督检查，真正让有问题、有苗头倾向的系统、车间在内部管理上严肃起来、认真起来。二是做深日常监督。加强"一把手"和班子的监督，聚焦关键少数、关键岗位、关键环节、关键节点，采取"一月一监督主题"灵活模式，持续推进"四风"常态化监督检查，常念"廉洁经"，常敲"廉洁钟"。三是做精专项监督。聚焦痛点难点，紧盯重点领域，按照"一事项一方案一监督"原则，因时因势调整监督重点，"点题、破题、解题"。

（三）加强合规管理，扎实推进合规文化和廉洁文化建设。一是严格落实集团公司合规管理要求，压实"管业务必须管合规"责任，加强"三大"管控平台建设，积极培育合规文化，确保各项规章制度、经济合同、重要经营决策法律合规审核率达到"三个100%"。二是工会发挥好普通劳动监督和劳动安全保护监督作用，用好企务公开和工资奖金分配听证会制度，确保职工的知情权和监督权，助力企业实现合规运营。三是深入推进"五个一"廉洁文化建设，构建"制度明廉、书香学廉、提醒育廉、家风助廉""四廉"机制，高标准打造省级廉政警示教育点和省能源系统党风廉政教育示范基地，营造风清气正的廉洁文化氛围。

六、坚持以民生建设守初心，在牢记宗旨中共建幸福一矿

习近平总书记在党的十九大报告中指出："增进民生福祉是发展的根本目的。"作为国有企业，我们牢固树立宗旨意识，深入落实主题教育要求，深入一线倾听职工呼声，关心职工疾苦，真心实意为职工解难事、办实事、做好事。一是扎实做好信访稳定工作。积极推进"平安一矿"建设，从新时代"枫桥经验"和"浦江经验"中汲取经验养分，全面实施信访事项化解"1+5"信访工作法，用好"职工诉求平台"，架起"职企连心桥"；开展好"党委书记大接访、基础业务大提升、矛盾纠纷大化解、信访秩序大规范"四项活动，妥善解决好职工各类诉求。二是常态化推进"我为职工办实事"实践活动。聚焦职工急难愁盼事宜，充实完善重点民生项目清单，持续开展扶贫解困"送温暖"活动；不断改善职工工作、就餐、洗浴环境，班中餐实行"点餐制"，公管服发放做到换洗、领取、缝补"三随时"，持续增进职工群众安全感、幸福感和归属感。三是提升工会、共青团、女工服务能力和水平。工会以中国工会十八大精神为引领，为职工打造"匠心之家""暖心之家""清新之家""温馨之家""安康之家""文化之家"。

▲ 信访接待日倾听职工民意

共青团坚持围绕中心、服务大局，组织团员青年立足本职，在安全生产、创新创效等方面争当排头兵和生力军。女工组织让女职工工作与企业高质量发展形势合拍、与自身定位责任使命合一、与女职工期盼合力，培养更多"巾帼"标兵。

大道至简、实干为要。面对集团公司的殷切希望和一矿高质量发展的迫切需求，让我们从党的二十大精神和习近平新时代中国特色社会主义思想中汲取智慧与力量，进一步擦亮新时代"全国先进基层党组织""全国文明单位"金字招牌，在华阳集团全方位高质量发展新征程中谱写一矿新篇章、贡献一矿新力量。

（作者为一矿党委书记）

扛责履责清廉　发挥监督保障作用

梅雨清

党的二十大是我们党在激流勇上、持续奋斗的特殊时刻召开的一次关键大会，是实现中华民族伟大复兴进程中的重要里程碑。作为煤矿企业纪委书记，要带头学习贯彻党的二十大精神，结合工作实际，不断健全监督管理体系，走深走实党风廉政建设，为创建安全稳定清廉高效的煤矿工作环境贡献出自己的力量。

一、健全机制，主动扛领协助职责

持之以恒构建党委主抓、纪委协助、班子成员分工负责、其他部室职能监督的"大监督"格局，推动"四责协同"聚力聚合、同心协力。运用《关于构建党风廉政建设"大监督"责任落实体系的实施意见》等制度规定，不断丰富"1+4"工作模式、"132"履职考评体系、"1+2+5"业务职能部室联动监督工作机制、党风廉政建设主体责任落实"四责同步"考评机制等内容，努力形成系统集成、协同高效的大监督格局，不断推动制度优势更好地转化为治理效能。

作为一名纪检干部，在日常工作中要用好"1+4"工作模式："1"就是建立定期会商工作机制，"4"就是运用请示报告、提出意见建议、提醒督促、跟踪反馈四种方式，确保贯通协同强联合，两个责任相融合。

▲ 全面从严治党暨党风廉政建设工作会

一是在每月召开的党委书记议事会上，专题汇报纪委落实监督责任工作情况，提出对全面从严治党工作意见建议，会商讨论相关议题，安排部署重点工作任务。

二是明确纪委向党委请示报告工作清单，及时请示报告监督检查、案件查办等工作中的重大问题，以及《省纪委监委驻华阳集团纪检监察组贯通华阳集团内设纪检机构监督执纪工作办法》中规定的内容，涉纪信访重要舆情和重大敏感事件、重大突发事件和群体性事件事项等。

三是对协助党委落实上级全面从严治党主体责任的各项决策部署和重要工作任务，监督检查中发现的制度缺失和管理漏洞需尽快修订完善的事项，需党委或党的工作部门对党组织和党员干部进行问责的事项要及时向党委提出意见建议。

四是针对从信访举报、执纪审查、监督检查等工作中发现的突出问题、苗头性倾向性问题以及党风廉政建设"一岗双责"和主体责任落实中存在的突出问题，报请党委按"一岗双责"责任范围向班子成员或下级党政"一把手"派单，提醒督促履行责任。

　　五是对业务职能部室履行监督职责，以及《整改建议书》、"派单督办"等事项落实情况适时开展"回头看"，跟踪整改落实情况，并向党委及时反馈，推动整改到位。

二、立说立行，扛牢扛实监督主责

　　持续引深拓展"安全是管出来的"理念，运用"全周期管理"方式，以"时时放心不下"的责任感紧盯"三重一大"决策、记工考勤

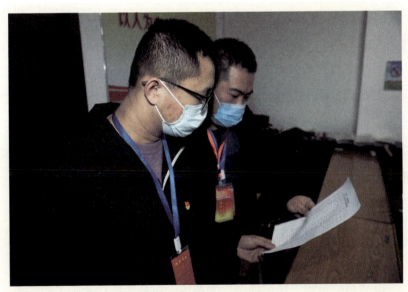

▲ 常态化开展监督检查

等重点、特殊项目，继续抓实首办监督、嵌入监督、回看监督三项措施，实现全过程、各环节的精准监督。

一是首办监督，压实承办业务部门主责。重点开展项目工程量核定、招标合规性、合同签订公允性的监督，解决源头问题。项目经"三重一大"事项决策立项后，由纪委监督人员选取重点项目列入监督计划。项目中标后，对承办主责部门第三方机构、工程管理部门、法审风控部门、合同部门等进行业务首办监督，对招标程序以及审核把关的相关资料监督的再监督、审查的再审查，以有力的监督、严肃的问责倒逼主责部门各负其责、履职尽责，守护好防止国有资产流失的第一道防线。

二是嵌入监督，压实项目实施单位履约责任。重点开展项目实施过程的监督，解决中间环节问题。工程量是工程造价管控的核心，加强甲乙双方合同约定履约情况全过程的监督是防止国有资产流失的又一道防线，以下沉式、嵌入式监督促推各方责任落实落地落细，助推形成各级党员、干部严守责任、严格履职的良好氛围。

三是回看监督，压实各级部门人员忠诚责任。重点是对监督发现问题整改落实情况的"回头看"，确保问题整改取得实效。紧盯首办监督、嵌入监督过程中发现的问题，适时开展"回头看"，以钉钉子精神推进立行立改、全面整改。对存在整改不力、虚假整改、纸面整改等问题的从严问责，情节严重、造成损失的依规依纪从严查处。

三、数智监督，持续畅通监督反馈渠道

以"超前预防、防控结合"为指导，充分发挥广大职工在安全生产中的"神经末梢"监督作用，构建信息化、数据化、模块化的"网

络监督＋数据监督"新模式，把一矿职工诉求平台与清廉国企建设深度融合，进一步深化监督效能，确保实现监督内容、监督对象、监督时空全覆盖，达到"人人可监督、人人被监督，事事可监督、事事被监督"的监督效果。

一是科学设置，配好"医疗箱"。聚焦职工关心关注热点和党员干部作风纪律突出问题，完善平台监督内容及其管理功能。重点监督党员、干部及"关键少数"等遵章守纪、履职尽责以及"八小时以外"作风纪律情况，职工群众可以随时登录微信小程序反映。同时，经过不断改进和完善，平台具备了问题筛查、分类管理、内容甄别、信息锁定、结果反馈等功能，为对症下药提前配好"医疗箱"。

二是精准把脉，写好"诊断书"。纪委对接收到的监督反馈信息及时进行分析研判，3个工作日内拿出"诊断书"在线回复。对涉纪问题提出处置意见按照流程办理，办结后在线回复；非涉纪问题填写转办单，移交相关业务部室处置，调查进展情况在7个工作日内在线回复，处理结果经纪委审核后向当事人反馈。

三是对症下药，抓好"处方药"。对一段时期内同类型问题反映较为集中的情况，系统自动进行甄别筛选，涉及单位将被列为星级管理对象。纪委针对问题线索开展调研，深层次查找在制度执行和干部作风方面存在的问题，举一反三，做好"监督的再监督"。对制度缺项、内控缺失、管理缺位的，责令相关部门整改完善；对问题不整改、整改不到位的单位，下处方、用猛药、治顽疾，纪委派发"督办单"，跟踪落实整改。

四是多方会诊，用好"心电图"。对平台反映的相关问题，纪委定期进行"会诊"。充分利用"大数据"，绘制反映信息图表，结合干部调整、人事任免、重大事件等进行分析研判，为下一步预控和基层政治生态分析、党员干部政治画像提供依据。对于利用平台频繁反映已有明确结论的问题，发表、散布、传播不实言论，多次恶意举报、栽赃陷害的，系统将自动锁定，纪委责成基层党组织和相关业务部门重点关注、强化管控；涉嫌违纪的，依规依纪严肃查处。

党风廉政建设永远在路上。在今后的工作中，我将以党的二十大精神为指导，完成好党组织赋予我的使命任务，深入推进清廉国企建设，全力实现企业政治生态持续优化，竞争力、创新力、抗风险能力和廉洁力不断增强的工作目标。

（作者为一矿纪委书记）

做好一矿工会工作　助力一矿高质量发展

赵建军

新形势下，一矿工会以习近平新时代中国特色社会主义思想为指导，发挥好企业和职工之间的纽带桥梁作用，全心全意依靠职工群众为现代化矿井建设服务。坚持问题导向，聚焦工作中出现的难题困局，充分发挥工会的维护、参与、建设、教育四项职能，凝聚广大劳动者的磅礴力量与高超智慧，推动一矿高质量发展迈上新台阶。

一、工会工作面临的主要问题

工会是党联系职工群众的桥梁和纽带。随着企业高质量发展和现代化矿井建设的步伐加快，当前一矿工会面临着机构编制短缺、教育培训低效、工作模式迟滞等突出问题。另外，基层队组民主管理水平不高，职工正当权益需要进一步得到保障。面对当前工会工作所遇到的难题挑战，我们要积极谋划适应新形势的工会工作新路子、新方法。

（一）由于企业改革改制，工会组织机构定编明显不足。当前有种错误认识，认为煤矿企业主要是抓安全生产和经营利润，工会工作只是花拳绣腿、锦上添花的摆设，没有认识到工会在企业发展中的重要作用，没有认识到工人阶级在企业发展中的主人翁地位，没有认识到工会是联系企业和职工群众的桥梁纽带。另一个面对的尴尬事实是，基层单位工会都没有独立建制，基层工会主席均为党总支书记或党支部书记兼任，工会干事均为总支干事或综合干事兼职，人的精力有限，人身兼数职会影响工作进度和工作质量。

（二）缺乏自主学习意识，职工教育培训工作效能相对较低。基层单位对安全培训重视程度不够，科队两级干部重生产轻培训，认为培训耽误安全生产工作，对矿里安排的培训任务不能按时组织人员到位，该派的不派，该多派的少派，也有一些单位出现重复培训现象，造成人、财、物浪费；安全培训缺乏长效机制，在安全培训过程中安监、人力等部门职责不清，没有形成"大职教"格局和系统的安全培训网络，安全培训缺乏相应的责任追究制度。职工培训存在针对性不强的问题，安全培训的课程设置与职工现场实际操作要求有差距。安全培训的系统性、计划性不强，生产一线人员流动性较大，给安全培训带来较大影响。培训专职教师的自身能力素质存在与客观实际不衔接不匹配的问题，影响教学质量的提高。

（三）面对企业内外部新形势，工会工作模式和方法相对滞后。一是思想观念和思维方式滞后，工作上习惯于上级布置安排，自己没思路、没规划、没想法，缺乏创新与活力。二是工作模式比较单一，除了职代会、疗休养、技术比武、家属联保、文体比赛等常规动作，其他自主性工作极少。三是工会干部队伍素质不高，矿工会机关干部和基层兼职工会干部实践能力不高，素质能力有待进一步增强。

（四）基层队组民主管理力度还需提升。一是部分队组民管会职能发挥流于形式，未把职工普遍关心的涉及安全、生产和经营的重大举措，干部提拔、岗位调整、劳保福利等主要事项提交民管会审议，致使职工合法权益受到影响。二是规章制度执行不严，一些队组在工资分配、考核制度等"大事"上，表面上经过了民管会的研究，实际却是行政先定了调子，民管会一定意义上成了违规操作的"挡箭牌"。三是职工群众的参与程度较低，有的人由"不会"参与管理到"不去"参与管理，从"主人翁"变为"旁观者"。

二、做好新时期工会工作的主要考虑

（一）**抓住思想建设，政治引领必须放在首位。**牢牢把握政治方向是首责，必须站稳政治立场，不断强化工会基本功能，抓班子带队伍，抓廉政促和谐，教育干部职工在其位谋其政、负其责、尽其力，出亮点、提效率，把工会工作效能转化为全矿高质量发展的强大动能。做工会工作，凡事要抓住本质，虚实相间，彼此生发，以政治为统领，真正服务好全矿的中心工作。

（二）**抓住组织建设，健全自上而下工作体系。**在调度室、生产衔接部、通风工区、运输工区、机电工区、选煤厂、生产生活服务中心等科级建制单位设立独立的工会组织，配备独立的基层分会主席，大力选拔年轻有为、富有开拓创新精神的专业人才或复合型人才充实到工会干部队伍中来，实现全矿工会组织横向到边、纵向到底的组织网络构架和人才网络构架。

（三）**深入职工心中，切实维护职工合法权益。**首先，下队组到生产现场，了解职工的思想动态、内心愿望及其他需求。对于一矿发展的大政方针，特别是涉及职工切实利益如工资分配政策的出台，通过职代会、企业小程序等渠道，给他们提供表达自己意见和建议的机会，让职工群众政治上有参与感。2022年，一矿创新性地实施工资奖金分配听证会制度，提炼总结出"四个四"工作法。该制度实施一年多来，实现了分配过程公正透明、分配结果公平科学、分配反馈公开民主，得到职工群众一致好评。其次，真正关心职工群众的经济生活状况，把低收入职工、困难职工、一线职工作为主要工作对象，持续关注他们的工作生活状况，积极采取帮扶措施。

（四）念好"十二字"口诀，创新工会工作方法。一是要"求新求变"，面对不同单位的不同受众，以变应变，找准位置，寻求最佳结合点。二是要"依法依规"，不论困难职工补助还是金秋助学，不论慰问物资还是各类活动，必须坚持以法律为准绳、依法管理分会、依法为职工维权。三是要"干实干好"，必须突出重点，讲求实效，

▲ 职工心灵驿站

一切工作的落脚点必须为党政提供助力，让职工群众满意。以职工教育培训为例，建立班组、队、工区、矿四级培训网络体系，创新劳动竞赛手段，激发每一个职工的岗位激情；提升技术比武含金量，由技术熟练操作达到技术升级创新；建立日常培训机制，将思想转化、知识积累和技能提升融入工作中的每一个细节。

（五）围绕核心要点，提高工会干部综合素质。一是要进一步解放思想，树立大超前理念，超前分析企业的形势和现状，超前制订工作路线图和具体工作清单，超前预判职工的思想行为动向，为下一步工作打下扎实基础。二是要依法治企，熟悉和运用相关法规，做到一言一行有根有据，善于运用国家法规和企业规章制度分析看待问题，杜绝人情主义、哥们儿义气，办理涉及钱财物等相关工作时坚决杜绝暗箱操作的行为。三是要有熟练的文字表达和写作能力，能够撰写情况通报、活动规划、工作总结、交流材料等公文。

（六）做实宣传教育，保障职工生命安全。保障职工生命健康和生命安全是工会的重大政治责任。对于煤炭企业来说，安全生产是头等大事，是一切工作的核心和基础。俗话说，没有安全地动山摇，就是这个道理。因此，工会必须做好安全宣传与教育，深刻领会习近平总书记关于安全生产重要论述，把准吃透上级相关安全文件核心要点，坚决贯彻"安全是管出来的"理念，在"十真"管理上下大功夫。只要站在安全发展的角度看问题，冷静客观地分析问题，深入追究根源，制定针对性措施，就能取得良好效果，安全大势就能稳稳掌控在手中。

工会就是为职工说话的，我们要站在职工利益的角度考虑问题，切实从职工群众关注的角度解决问题。扛好旗，护好航，全心全意为职工的利益着想，千方百计为职工办好实事，全力打造"六家品牌"，

▲ 开展夏季送清凉慰问活动

做强做优"六个率先",维护好他们的正当权益和正当利益,助力企业的高质量发展,这是工会的使命所在。只有坚持问题思维和目标导向,不断破解难题和困局,才能永葆工会的生机活力,让党委放心,让群众满意。

"六个率先"打造"六家"工会品牌

率先构建宣教矩阵,在加强职工思想政治引领上勇担责,倾力打造工会"温馨之家"

率先用好四个抓手,在提升职工队伍技能素质上出实招,竭力打造工会"匠心之家"

率先做优民生工程,在深化"我为群众办实事"上显真情,悉力打造工会"暖心之家"

率先创优工作机制,在构建企业和谐劳动关系上亮作为,极力打造工会"清新之家"

率先打造职工文化品牌,在矿山先进文化建设中添亮色,全力打造工会"文化之家"

率先营造安全发展环境,在本质安全型矿井建设中立新功,合力打造工会"安康之家"

（作者为一矿工会主席）

推动全面从严治党在国企落地

赵红武

习近平总书记在二十届中央纪委三次全会上指出，要打造一支让党中央放心、让人民群众满意的纪检监察铁军。这既饱含了党中央对纪检监察队伍的嘱托和期望，也对新征程上加强纪检干部自身建设提出了明确要求。作为基层纪委书记，我将紧紧跟进、坚决落实，立足职能、担当作为，争做让党中央放心、让人民群众满意的纪检监察干部。

一、持之以恒，永远在路上，常吹冲锋号

打铁必须自身硬，要做到忠诚干净担当，敢于善于斗争，就需要始终坚持学习，在政治思想上对党忠诚、业务本领上克服恐慌。

一方面，锲而不舍加强自身政治建设。坚持不懈用习近平新时代中国特色社会主义思想凝心铸魂，不断提高政治判断力、政治领悟力和政治执行力，自觉跟进学习领悟习近平总书记最新重要讲话和重要指示批示精神、党中央最新重大决策部署，确保始终在思想上政治上行动上同以习近平同志为核心的党中央保持高度一致。全面学习贯彻落实党的二十大精神，深入落实二十届中央纪委三次全会、省纪委十二届四次全会、集团公司和矿全面从严治党暨党风廉政建设工作

会部署要求，为我矿全面从严治党、党风廉政建设和反腐败工作贡献力量。

另一方面，坚持不懈提升业务能力。把培养专业能力、提高专业水平作为重中之重，以行践学、以学促用。结合当前集团公司纪委下发的纪检监察干部队伍教育整顿学习计划，常态化开展集体学习，不仅要广泛了解与自身工作相关的政策法规和业务知识，做到底数清、情况明，还要不断从党的创新理论中找方向、找遵循，从交流研讨中找方法、找思路，落实好党风廉政建设各项任务。采用"请进来＋走出去"和"线上＋线下"方式，加强政企纪检系统和集团纪委内部交流，邀请业内专家讲课，提高工作规范化、法治化、正规化水平，切实推动我矿纪检工作高质量发展。

▲ "走出去"参观学习

二、规划统筹，勇挑千斤担，奏响协奏曲

作为纪检干部，确保我矿党风廉政建设各项决策部署落实落细，就要不断提高决策力和执行力，学会沟通、善于沟通，争当领导好参谋、好助手。

一方面，超前谋划布局，全力保障执行。坚持稳中求进，把我矿党风廉政建设取得实效作为根本目的，通过分析研判历年工作短板，协助谋划次年度"清廉国企"建设工作要点，制订任务清单，细化分解任务，明确职责分工，倒逼责任落实。立足职能定位，有效运用监督执纪"四种形态"，履行好全面从严治党监督责任。注重廉政宣教，结合各单位实际开展形式多样的警示教育，不断增强广大党员干部党性修养。严格规范管理，确保各项工作不越红线，不破底线。狠抓作风建设，推进中央八项规定精神落地生根。

另一方面，加强沟通协调，密切协作配合。做好上传下达，畅通沟通渠道，面对上级重大紧急任务和临到临时交办任务，及时协调整合资源，确保任务顺利完成。注重团队建设，培养纪检干部的工作能力和责任意识，并合理安排纪委内部工作任务，努力做到情理兼顾，确保每个任务都有明确的执行人和时间节点。聚焦各类监督联动贯通，着力构建信息共享、高效衔接、运转有序的工作机制，协调经营、法审、人力等职能部门充分发挥各自专业优势，统筹配合、分工协作。组织各党总支、直属党支部纪检委员定期召开监督专题会议，总结上月监督工作，分析研究存在问题，下派次月监督任务，为我矿高质量发展提供有力保障。

三、一严到底，主基调不变，震慑力常在

正风肃纪、"打虎拍蝇"非一日之功，纪检干部不仅要以踏石留印、抓铁有痕的劲头真抓实干、攻坚克难，还要有足够的耐心和韧劲，常抓不懈、久久为功，全力推动我矿全面从严治党向纵深发展。

一方面，严格执纪，推动中央八项规定精神落细落实。以铁面执纪、寸步不让的坚决态度，对"四风"问题动真碰硬，严查严处形式主义、官僚主义，让我矿广大党员干部树立知畏知止的红线意识。在重要时间节点，制订正风肃纪工作方案，协同党委办、经营、法审、人力等职能部门上下联动，重点整治不担当不作为、不肯干不敢干、不出力不用力等"躺平式"形式主义、官僚主义问题；整治出入私人会所，超标准占用办公场所，超标准报销出差补助，公车维保无合同、更换配件无手续，分批异地操办婚丧喜庆事宜等享乐主义奢靡之风问题。尤其是整治反复出现、久治不绝的捎灯打卡、履职不尽责、各类审批手续不规范等问题，通过集中通报曝光等形式，持续对纠治"四风"打招呼、发信号、提要求。常态化开展干部业绩考评管理、干部纪律作风"六查"，督促各级干部将"安全是管出来的"理念落实到工作中，形成干部安全履职管理的刚性约束，推动我矿干部作风持续向好。

干部纪律作风"六查"

查干部安全包保执行情况，查机关部室及后勤单位服务基层质量及劳动纪律情况，查上级决策部署落实情况，查安全隐患整改落实情况，查"两长一员"现场履职情况，查安监员廉洁自律情况。

另一方面，发力"拍蝇"，狠刹群众身边不正之风。作为新时期企业纪检干部，要时刻牢记职工群众才是企业坚实的依靠。深入推进我矿"四个四"工资奖金分配听证会制度，始终坚持职工群众反对什么、痛恨什么，就坚决防范和纠正什么，重点监督截留克扣、

加分带钱、违规增减分等"蝇蚁之贪",推动解决职工群众的"急难愁盼"问题,实现好、维护好、发展好广大职工群众的根本利益。劲不松、力不减、步不停,坚决整治职工群众身边的腐败和作风问题,让职工群众感受到全面从严治党就在身边。发挥"四级联动"作用,把职工群众身边的公权力置于严密监督之下,推动落实管党治党政治责任覆盖到"最后一公里",让群众的事有人管,利益有人护,公平有保障,正义可伸张。坚持"监督在关键处、提醒在关键时",在畅通举报渠道、强化日常监督、督促以案促改、坚持严管厚爱等方面做出更大努力,发挥好监督保障执行、促进完善发展作用。

四、注重预防,守好生命线,激发正能量

坚持惩防并举、注重预防的方针,学会"弹钢琴",出奇招、实招,扎实推进我矿廉洁文化建设,筑牢我矿各级党员干部廉洁生命线。

一方面,打造符合煤矿企业特点的廉洁文化。引导干部职工树立"清廉就是效益、清廉就是核心竞争力"意识,让清廉成为各级干部的底线、保障和品格;打造诚实守信、合法经营、有序竞争的清廉营商环境和秉公用权、干净干事的企业品牌;引导干部职工树立"清廉就是安全,清廉就是护身符"意识,积极探索"清廉 + 安全"廉洁文化创建,开展廉政理论宣讲进班子、进工区、进部室、进队组、进家庭,让清正廉洁成为广大党员干部共同的价值认同和追求,让既要安全又要清廉的理念扎根每一名干部职工的心底。

另一方面,打造富有一矿特色的廉洁文化。将廉洁文化与中华优秀传统文化、党的优良传统相结合,充分挖掘本地历史文化和红色文化资源,从中寻找廉洁基因,引导党员干部向古代先贤、革命先烈学

▲ 廉洁文化扬清风

习，做到以贤为镜、见贤思廉；将廉洁文化与我矿改革发展中展现出的工匠精神、劳模精神相融通，激发干部职工向时代楷模、身边榜样看齐，做到以文化人、以廉润心；将廉洁文化建设做深做实，大力营造清廉国企建设氛围。通过发送廉洁短信、宣讲廉洁家风故事、选树清廉典型等潜移默化、喜闻乐见的形式，让干部群众处处见廉、时时思廉。

（作者为一矿原纪委书记）

加强煤矿企业基层党组织建设的问题与对策

高海亮

基层党组织是党各项工作的第一前沿阵地和堡垒。如何加强煤矿基层党组织建设，如何统一思想，凝聚力量，把党建工作各项任务落到实处，归根结底是如何提升基层党支部执行力、确保引领作用发挥的问题。只有党建引领安全生产，才能充分发挥煤矿基层党组织战斗堡垒作用，进而推动高质量发展。现就如何提升煤矿企业加强基层党组织建设，谈一些粗浅的感想和认识。

一、基层党组织建设存在问题分析

基层党组织是企业党建工作的细胞和原动力，党组织的凝聚力、吸引力和战斗力最终要通过基层组织的不断努力才能够完成，其作用无法替代。就华阳一矿而言，虽然近些年开展了一系列党建主题活动，基层党组织的执行力、战斗力得到了不同程度的提升，但相对于更高、更严的工作标准而言，仍然存在不少问题。

（一）主观认知模糊。一些生产管理人员认为煤矿以安全生产为主，基层党建工作是党务工作者的事儿，是看不见、触不到的，存在"讲起来重要、抓起来次要、忙起来不要"的模糊意识，认识程度不高。

（二）主观能动性差。有的生产管理人员认为，自己在保证了带班规定的数量、质量后，党建工作可以拖一拖，质量可以降一降。尤其是兼职党务工作人员，上级要求严时就动一动，上级要求松时就放任自流；有些表面上付出了艰辛的工作，但结果与预定的目标及职工群众的期望值相差甚远，存在主观不努力、客观找理由的问题，有的党组织负责人不能很好履行抓党建第一责任人的职责，主观能动性差，导致执行力打了折扣。

（三）创新意识不强。煤矿基层党组织普遍存在工学矛盾突出、组织活动形式单一的问题，活动参加人数少，单纯地"为搞活动而搞活动"，忽视了活动所带来的影响和意义，党建活动形式缺乏创新意识，还停留在"原地踏步"上，存在走形式、走过场、"穿新鞋走老路"等情况，与安全生产工作贴得不实，甚至还存在"离核"现象。

（四）贯彻执行走样。有的基层党组织贯彻上级的要求没有结合实际，上级要求什么就抓什么，不能有效地突出重点，不能创造性地解决难点、焦点问题。把简单重复上级文件和讲话精神当作贯彻执行，以文件落实文件，以会议落实会议，做"无用功"。把思路当结果，拿部署当落实，贯彻时一带而过，执行中标准降低，虎头蛇尾，往往还没有真正领会和理解文件内容，就开始"付诸实践"，造成贯彻执行走了样。

二、如何强化基层党组织建设工作

基于上述问题，煤矿基层党组织建设工作已经成为制约煤矿党建工作高质量发展的短板，必须下真功夫、花大气力"补齐加固"，从而提高基层党组织的引领力、执行力。

（一）**坚定信心、加强学习。**坚定信心是战胜困难、迎接挑战的重要前题，是成就事业的可靠保证。只要充满自信，就会对工作有正确态度，而态度决定成败。一个人或一个集体力量再强大，能力水平再高，不端正态度，都很难出成绩。牢记"有为才能有位"，从内心深处认识到从事党务工作是充实而高尚的。党建引领，思想先行，树立正确的学习观，把学习作为一种基本功、一种责任、一种追求，所有党员干部要通过个人自学、集中学习研讨、聆听宣讲等方式联系实际学、带着问题学，并结合矿井发展找准切入点，提出有益务实举措，真正将学习成果转化为推动矿井安全生产的生动实践，做到学以致用、学用结合、学用相长。

（二）**严格落实、履职尽责。**强化责任链条，把支部党建工作与中心工作同谋划、同部署、同推进、同考核，坚决扛起主责，切实抓好主业。层层签订全面从严治党责任书和责任清单，坚定不移严格对照落实，做到快速行动、精准出击、狠抓落实，接受任务不讲条件、执行任务不找借口、贯彻落实不打折扣、出了问题不推责任，一以贯之地围绕党委的工作大局、战略目标，把履行的职责、接受的任务执行到位。

（三）**攻坚克难、不断创新。**把工作重点聚焦到推动本单位党建工作上台阶、创一流上来。通过深入基层，发挥基层党组织的独特优势，真正静下心来，认真细致地挖掘问题根源，推动高价值党建项目落地，打造"自家"特色。目前，调度室党总支推行的特色工作主要有两个方向。

1. 紧跟矿党委步伐，积极打造以"旗·首"为核心的党建"一字"品牌，持续强化"党的一切工作到支部"的鲜明导向，不断提升"大抓基层"的主动性和自觉性。调度室党总支目前实现了"一支部、一品牌"建设全覆盖，全面开展标准化、规范化支部建设，积极做好党建工作的策划、组织、协调工作，形成上下联动、齐抓共管的良好局面。通过制订年、季、月推进目标及计划，以党建工作全面梳理为切入点，向"老、旧、难"等历史遗留问题"开刀"。这里的"老、旧、难"等历史遗留问题就是目前支部建设的重点工作，直白地说就是目前各支部党务工作人员水平低，存在业务知识盲区，与当前党建工作要求不匹配。对此，调度室党总支开展内部业务梳理，完成工作分工、责任划分，同时组织开展基层党支部书记基础业务专项培训，先从最基础的业务工作抓起，逐步完善基层党支部的基础工作。目前各项措施均在有序推进中，下一步我们将在党建引领生产、党建融合生产、党员模范带头等方面进一步发力，开创新局面。

2. 构建特色安全文化，培育"本质安全型职工"。点亮安全文化这座灯塔，不断深化"四化"建设，让安全文化在生产实践中真正发挥导向、约束和激励作用。一是内化"生命至上"认知文化。教育和引导员工树立正确的安全观，在思想深处牢固树立"一举一动，规章至尊"的理念，把"人的生命高于一切"的安全观念根植到心灵深处。二是固化"安全生产人人有责"制度文化。深化"安全生产人人有责"思想，主动抓安全、盯问题，确保隐患得到全方位、多角度、超前性控制，使安全生产责任制成为推动安全生产的一只"看不见的手"，使员工自觉地承担起相应的安全责任。三是外化"人人保安全"行为文化。重点推进安全行为养成教育，养成正规佩戴个人安全防护装备的良好习惯，养成规范乘坐提升运输设备的良好习惯，养成正确行走站立的良好习惯，养成熟知防灾避灾知识的良好习惯，养成坚持安全确认的良好习惯，养成开工前"手指口述"的良好习惯，养成经常性预防预备的良好习惯。四是强化"安全靠大家"环境文化。从安全舆论上引导，加大安全目标和正反面典型案例宣传力度，激发员工"我

▲ 井下重点工种实操培训

要安全"主观能动性，为自觉做好自保、联保、互保工作发挥重要助推作用，营造良好的安全文化氛围。

（四）健全机制、有效监督。制度是一种约束性的行为规范，是党员干部职工的行动指南。任何工作任务的落实，都必须有相应的制度作保障。党支部书记作为基层党组织工作的第一责任人，应当以身作则、率先垂范。结合实际，统筹安排，组织实施。健全执行机制，通过科学设定工作任务和责任目标，不断完善考核程序、标准。强化经常性监督，加强过程控制，确保达到预期效果，做到每项工作都有措施、责任人、时限、督促检查、考核评估，奖罚分明，形成管理闭合。

（作者为一矿调度室党总支书记）

做职工的贴心人　当企业的护航者

李茂林

思想政治工作是我们党的优良传统、鲜明特色和突出政治优势，是一切工作的生命线。通过认真学习党的二十大精神、习近平总书记关于思想政治工作重要论述以及"爱党、爱国、爱企、爱岗"教育活动，我深刻认识到，在新的历史条件下，党组织书记要不断提高做好思想政治工作的能力和水平，以更加扎实有效的工作促进职工队伍稳定，为企业全方位高质量发展提供坚强有力支撑。

一、捋清队伍情况，明确目标任务

目前，一矿运输工区职工总人数 660 人，井上职工 46 人，井下职工 614 人；35 岁以下职工 67 人，约占职工总数的 10%，50 岁以上的职工 102 人，约占职工总数的 15%；大专以上学历 130 人，约占职工总数的 20%。近两三年来，从外单位调入职工 60 人，约占职工总数的 10%。从人员整体结构来看，井下从业人员占绝大多数，年龄偏大，文化水平偏低，特别是外部调入人员，身处的环境变化较大，存在一定的不稳定因素。

工作环境相对恶劣，劳动强度较大，职工思想受内、外部因素影响较多，呈现出复杂性和敏感性的特点。党务工作者要及时掌握职工思想状况，采取切实有效措施，发挥思想政治工作优势，积极教育引导职工以阳光心态对待工作和生活，不断提升职工的归属感、幸福感和企业的向心力、凝聚力。

二、掌握思想动态，找准问题根源

一是工作岗位调整易让职工产生思想波动。同样的事情，发生在不同的人身上，产生的反应不尽相同。比如，面对工作岗位调整，有的人会产生失落感，有的人会产生不满情绪，有的人会担忧、焦虑。因此，我们在做职工的思想政治工作时，更应关注那些性格内向、环境适应能力较差、压力承受能力较弱的群体，防止他们出现偏激行为。

二是工作方法不当易让职工产生思想波动。由于在个性、观念、阅历、学识和品行修养等方面的差异，管理者在思路和手段、推进工作的方法与技巧、对待职工的态度以及与职工的沟通方式等方面存在差异。比如，有的管理者对待职工反映问题，耐心不够、处置不恰当，造成矛盾激化。因此，作为一名管理者要做好换位思考，这样才能更好地解决好职工思想问题，并能够在处理问题时起到主导作用。

三是各种生活变故易让职工产生思想波动。生活中，我们难免会遇到各种各样的困难，比如，生病造成经济负担，婚姻不顺变得心情烦躁，家庭变故导致焦虑抑郁等。不论困难大小，都容易给人造成心理压力，引发不良的情绪，职工带着思想负担上班，就会埋下不稳定不安全隐患。我们要练就"火眼金睛"，及早发现苗头，及时做好深入细致的思想工作，想职工所想，急职工所急，解职工之忧。

三、发挥四大作用，提升工作质效

（一）发挥好党建引领"主心骨"作用。 把职工思想政治工作作为党建工作的一项重要任务来抓，把解决思想认识问题与解决实际问题结合起来。在党建工作项目化管理、一支部一品牌创建中，要把职工思想政治工作列为重点项目，通过立项、制定方案、按照时间节点要求，认真组织扎实推进，达到切实解决问题的效果。

（二）发挥好支部书记"领头羊"作用。 以支部为单位，加强不放心人员摸排，及时了解掌握不稳定事项。对于摸排出来的问题，建立问题清单，实行销号管理，强化干部包保，压实领导责任。对于重点人员和未妥善解决事项，加大一人一事思想政治工作力度，做好释疑解惑，加强正面疏导，消除思想情绪。开展"支部书记进

▲ 标准化井底候车室

百家"活动，与不放心人员家属建立联系机制，支部书记定期家访，做到得人心、暖人心、稳人心。

（三）发挥好工会"娘家人"作用。认真开展扶贫解困送温暖活动，特别要做好身患大病、家有大事、遇到急事的困难职工和弱势群体的帮扶工作，体现企业关心，彰显大家庭温暖。关心关爱外单位调入人员工作和生活，帮助他们解决实际困难，进一步践行"一家人、一条心、一股劲"思想。

（四）发挥安全文化"浸润化"作用。深入开展"3+9"安全文化建设，助推本质安全型矿井创建，实现安全长周期目标。加大事故案例学习力度，重点做好《黑色三分钟、生死一瞬间》引深学习，用好"三个一遍"学习机制，端正"三个对待"态度，教育引导职工进一步把安全思想根植于心、外化于行，推动"要我安全"到"我要安全"的根本思想转变。加大安全作业行为养成和督查力度，全面推行班前会、入井前、开工前安全宣誓和上下井"打旗排队"制度，持续加强"安全确认""手指口述"行为养成，严肃查处各种违章行为，以规范严谨的作业保证安全。

职工的思想政治工作千头万绪，矛盾的多发点和激化点较多。各级干部只要把心沉到职工队伍里，做到身正、言正、行正，就没有解决不了的矛盾和克服不了的困难，职工队伍就能和谐稳定。

（作者为一矿运输工区党总支书记）

为创建清廉国企提供政治纪律保障

张勇芳

习近平总书记指出，纪检监察机关是推进全面从严治党的重要力量，使命光荣、责任重大，必须忠诚于党、勇挑重担，敢打硬仗、善于斗争，在攻坚战持久战中始终冲锋在最前面。这是党中央对我们纪检干部的期望，更是鞭策。作为一名基层单位的纪委副书记，要进一步把责任牢牢扛在肩上，积极探索基层监督新路径，不断提高监督执纪工作的质量和水平，推动我矿全面从严治党和党风廉政建设向纵深发展、"清廉国企"建设迈出新步伐。

一、坚持锻造政治素养，做到对党绝对忠诚

思想是行动的基础，用党的创新理论武装全党是思想建设的根本任务。不断加强政治理论和业务技能学习，充好"电"、补足"钙"、加好"油"，以适应新情况、新问题、新挑战。一是以学习贯彻习近平新时代中国特色社会主义思想主题教育和纪检监察干部队伍教育整顿作为重要抓手，深化落实"第一议题"制度，优化理论中心组学习，把培养专业能力、提高专业水平作为重中之重，坚持学思用贯通、知信行统一，持续巩固干事创业的力量源泉。二是全方位协助党委落实全面从严治党主体责任，将创建"清廉国企"示范单位工作作

为履行主体责任的重要内容，推动健全"四责协同+"机制，督促引导各级领导干部保持知责、守责、负责、尽责的工作态度。三是围绕上级重大决策部署落实、"三重一大"集体决策、民主集中制执行情况等重大事项，按季度开展政治监督，推进政治监督具体化、精准化、常态化，确保各项决策部署和重点工作落地见效。四是提高政治生态分析研判质量，精准监测"树木"和"森林"，增强党内政治生活政治性、时代性、原则性、战斗性，用好批评和自我批评武器，提高履职能力，永葆清正廉洁的政治本色，恪守对党和国家的政治忠诚。

二、坚持严的基调不松劲，提升监督执纪问责质效

做实做细维护企业政治生态职责，主动监督、跟进监督、精准监督，推动把党的政治优势、组织优势转化为企业发展效能。一是完善纪委、党委办公室、法审风控部"三联动"监督体系，构建信息共享、高效衔接、运转有序的长效工作机制，督促相关职能部室各负其责，落实系统监督职能，充分发挥各自专业优势和纪委再监督职责，有效发挥基层纪检委员、党小组监督员基层监督协同作用，统筹配合、分工协作，推进各类监督贯通联动。二是重点抓好基层党组织书记这个"领头雁"，主要抓好"一把手"、重要岗位这个"关键少数"，有效抓好党员这个"绝大多数"，把重心放在重要节点超前预防上，把工作体现在对关键环节的督查检查过程中，抓早抓小抓细，不断提高运用"四种形态"精准监督执纪水平，在批评教育和谈话提醒方面持续发力，有效减少和避免各类违规违纪问题的发生。三是在干部选拔任用、井上下标准化建设、工资奖金分配、财

务管理、工程建设、成本管控、机电设备管理等问题突出领域开展专项监督，推动解决影响和制约我矿改革发展的瓶颈问题，坚持哪里有问题，"板子"就打到哪里，形成权力边界明确、权力运行可查可控的系统监督机制。四是持续推进制度执行常态化监督，督促主管部门主体责任落实到位，推动各项制度在基层执行到位，特别是通过隐患、信访、事故等问题，分析原因，查堵漏洞，以事找人，落实责任，消除监督管理的死角和盲区。五是持续增强依规依纪依法办案的能力和力度，以零容忍的态度惩治腐败，紧盯职工群众反映强烈的问题，严肃查处吃拿卡要、虚报冒领等侵害职工切身利益的不正之风和违纪问题，定期深入基层职工当中，传达精神、督导提醒、反馈情况，畅通信访案件受理渠道，最大限度保障职工群众的合法权益。

三、坚持强化作风建设，在常抓中铸就敬业爱岗

保持常抓不懈的韧劲和耐心，贯彻落实中央八项规定精神，持之以恒纠治"四风"，不断巩固和深化作风建设成果，推动党风政风持续向好。一是把落实中央八项规定精神及其实施细则作为主要任务，严格执行"日常巡查、节点督查、线索核查"工作机制及"两个必谈"廉政预警机制，常态化开展纠治"四风"督查，严肃查处领导干部跟带班"捎灯打卡"、酒后上岗、请销假、外出不登记等问题。二是抓干部作风转变，持续开展干部作风整顿，把找理由、讲客观，不担当、慢作为、不作为，不善为、盲目自大、目无法纪的行为作为整治重点，严肃问责查处，以严明的纪律保障作风整顿取得实效。三是着力提高干部的执行力，促使其把身

▲ 家企携手共建 同创清廉家风

子沉下去、把标准立起来、把责任担起来、把措施落下去，敢于担当、敢于碰硬，把工作做精做细做实，不断增强工作的责任感和使命感，做到务实高效，把工作做出特色。四是以打造富有一矿特色的廉洁文化品牌为抓手，依托"一网一刊四基地"，把党纪国法、案例警示教育做到日常化、长效化，注重正面引导和反面教育相结合。一方面坚持把家风建设作为作风建设重要内容，引导党员干部带头树立良好家风，做到廉洁修身、廉洁齐家，在管好自己的同时，严格要求配偶、子女和身边工作人员。另一方面坚持开好党风讲评、专题民主生活会、警示教育会和宣布处分决定等会议，做实案件查处"后半篇"文章，使党员干部受警醒、明底线、知敬畏、存戒惧。

四、坚持淬炼斗争本领，强化自身建设

纪检工作高质量发展，规范化建队建家建制工作是基础，把锻造"五个过硬"作为总要求，牢记"忠诚、干净、担当"的要求，把履行全面从严治党责任作为抓党建、管权力、保落实的关键，在全面从严治党中履职尽责、在履职尽责中脚踏实地。一是把提高业务能力作为硬指标，持续抓好全员培训，练内功、提素质、强本领，把对党和人民的忠诚体现到纪检实际工作中，真正把政治纪律挺在前面，把政治责任扛在肩上，履行好"监督保障执行，促进完善发展"职责。二是牢固树立法治意识、程序意识、证据意识，坚持依法依规依纪文明办案，提高审查调查特别是"走读式"谈话安全风险防范能力，不断提升案件查办质量。三是健全完善内控管理机制，把队伍建强、让干部过硬，加强对纪检干部监督，自觉接受基层监督，坚持刀刃向内，严防"灯下黑"，对发现纪检干部存在违规违纪违法行为的，从重严办，毫不留情。

重任扛在肩，实干创未来。发扬埋头苦干的精神，激发敢闯敢试的斗志，忠诚履职尽责，以有力的监督实效为一矿打造成现代化精品标杆矿井和各项事业高质量发展提供坚强政治纪律保证。

（作者为一矿纪委副书记）

党务工作的"五个突出抓好"

王立军

1956 年 7 月，第一代建设者从四面八方会聚蒙村河畔，天当被地当床，撼山掘地，风餐露宿，拉开了华阳一矿战天斗地、开疆拓土贡献能源的序幕。在各个历史时期，历代建设者们发扬"一不怕苦，二不怕累"的大无畏精神，在这块热土上默默奉献：20 世纪五六十年代勒紧腰带，艰苦奋斗，自力更生，用炮打人工采的原始工艺，1958 年实现产量突破 100 万吨；70 年代以"宁让汗水漂起船，争取产量翻一番"的铮铮誓言，实现煤炭产量 310.6 万吨的翻番壮举；80 年代乘着改革开放的东风，大力引进国外先进设备，煤炭产量大幅度提升，1983 年产量首次突破 400 万吨；90 年代以"众志成城，舍我其谁"的豪迈气概，一举实现扭亏脱困；新世纪高举科技进步大旗，首次实现了年产 1000 万吨，圆了几代一矿人的夙愿。

不知不觉中，我来到华阳一矿这个大家庭已经 10 年了，我更多的是怀揣感恩，感恩同事，感恩领导，感恩企业。在生产一线队组综采五队担任技术员期间，我体验到了煤矿工人的艰辛和挣钱的不容易，但感受更深的是煤矿工人吃苦耐劳、无私奉献、扛红旗不倒、站排头不让的争先精神；在党务部门工作期间，一丝不苟、精益求精是做好工作最起码的要求，更要具备坚定正确的政治方向和较高的理论素养及写作水平。10 年间，我从一名高校毕业生成长为一矿合格的员工，从一名普通的采煤工成长为一名党务干部，是一矿培养了我，教育了我。

回想自己的奋斗历程，我感触最深的是：只有把自己的"小我"目标融入企业的"大我"发展之中，才能更好实现人生价值、升华人生境界，离开了企业需要，任何孤芳自赏都会陷入越走越窄的狭小天地。对于个人而言，有没有远大理想，能不能志存高远，决定着青春的成色与分量。有远大理想、鸿鹄志向，才能向着这个目标去努力、去奋斗，在人生的航线上少走弯路、不走歧路。

党的二十大报告强调，要增强党组织政治功能和组织功能，坚持大抓基层的鲜明导向，把基层党组织建设成为有效实现党的领导的坚强战斗堡垒，激励党员发挥先锋模范作用，保持党员队伍的先进性和纯洁性。同时，全党要把青年工作作为战略性工作来抓，用党的科学理论武装青年，用党的初心使命感召青年，做青年朋友的知心人、青年工作的热心人、青年群众的引路人。结合企业实际，我认为应该从以下五个方面加强党团组织建设，以高质量党建引领企业高质量发展。

一、突出抓好政治建设，强化政治功能，筑牢忠诚之魂

始终坚持把党的政治建设摆在首位，以党的政治建设为统领推进党支部建设。一是坚定政治立场。采取"三会一课"、中心组学习、"主题党日"、学习强国、三晋先锋等形式和载体，认真学习贯彻党的决策部署和重大理论成果，进一步增强"四个意识"、坚定"四个自信"、做到"两个维护"。二是严明政治纪律和规矩。党支部要把遵守政治纪律和政治规矩作为党员干部日常监督的重要内容，常

态化开展"政治体检",对党员思想、工作、生活、作风和纪律方面的苗头性倾向性问题及时谈话提醒,防患于未然。三是强化政治担当。党支部书记要切实履行"一岗双责",牢固树立"抓好党建是本职、不抓党建是失职、抓不好党建是不称职"的理念,确保矿党委"旗·首"党建品牌、"六争六比"活动、党员安全包保、舆情管控、文明创建等重点工作在党支部得到最积极响应、最深入贯彻、最有力落实。

二、突出抓好支部班子建设,狠抓制度落实,锻造干事之骨

党支部的工作效率、效果如何,在很大程度上取决于支部班子的整体素质。一是要把好支部书记"入口关"。加快新陈代谢,逐步选用一批学历高、素质好、年青有为、谋事干事、热爱党务事业且具有一定党建业务基础的后备干部充实到政工岗位上,不断优化支部书记队伍结构。二是要注重支部委员作用发挥。党支部班子成员都承担着不同的责任,其他支委不能"只挂名,不出征",也要各尽其责,积极发挥维护团结作用、参谋助手作用。三是要严格落实制度。要严格执行党支部各项制度,确保党内组织生活正规开展,坚决杜绝"碰头会""队务会"代替支委会。同时,党务部门要加强对基层组织建设的检查指导,不断强化组织生活制度落实,有效加强经常性指导帮扶,促进党支部规范化标准化建设。

三、突出抓好党员队伍,强化教育管理,举起先锋之旗

党员是党的肌体细胞和党的活动主体,党支部必须要担负起党员

▲ 百名先锋党员讲微党课

教育、管理、监督的具体职责。一是要发挥教育引导作用。以学习贯彻习近平新时代中国特色社会主义思想主题教育为契机，着力抓好学习教育这个基础性、经常性工作，在学习制度、学习方式、学习载体、学习成果运用上实现创新，采取党课教育、专题辅导、座谈研讨等多种形式，系统加强党史国史、理想信念、党章党规党纪、时事政治教育，打牢思想根基，做到真学、真懂、真用。二是要发挥管理监督作用。党支部要把全面从严治党要求贯穿始终，把党员"八小时之外"和"生活圈""朋友圈"纳入管理视线，及时掌握问题隐患，做到早发现、早提醒、早监督，让党员全天候感受到组织就在身边、管理监督就在眼前。三是要发挥先锋模范作用。依托党员星级评价、党员先锋岗、党员先锋印记等活动形式和载体，引导广大党员在安全生产、创新创效、煤质提升、智能矿山建设方面勇于攻坚克难，强化先锋模范作用发挥。

四、突出抓好作用发挥，推动深度融合，打赢高质量发展攻坚战

党支部要围绕企业生产经营抓党建，用企业中心工作的成效检验党建工作实效，推进党建工作和企业中心工作深度融合、齐头并进。一是围绕中心任务抓党建。深入开展"一支部一计划""一支部一品牌"活动，找准党建工作和业务工作的切入点和突破口，推动党建和业务工作深度融合，切实发挥战斗堡垒作用。二是围绕科学管理抓党建。将安全生产、评优评先、人事任免、信访稳定、工资分配等重要事项纳入议事范畴，坚持上级党组织重大决策部署的传达贯彻、重大任务的组织统筹等重要事项党支部必议。三是围绕和谐稳定抓党建。将维护队伍稳定作为支部重要工作来抓，深入开展"一人一事"思想工作，对可能引发问题的部位、点位、环节做到滚动排查、跟踪管控，切实构建起"人人讲安全、时时防风险、事事保稳定"的维稳工作体系。

五、突出倾力服务全矿大局，对标党建强团建，打造影响力更强的共青团组织

共青团是党的助手和后备军，共青团工作只有紧紧围绕矿党政中心，才能大有作为；只有始终紧扣企业发展大局，共青团事业才能有所成就；只有准确把握青年特点和遵循青年工作的客观规律竭诚服务青年，团组织才能根基牢固。一是狠抓团的组织建设。以抓好班子、带强队伍为抓手，全面推进团的基层组织建设，整顿组织，建章立制；开展团组织竞赛评比，打造学习型、实干型、创新型团组织，把抓好

基础、开展活动、宣传报道、注重实效等作为评比项目，进行打分排名，不断提升团组织的"三力一度"水平。二是全面深化和创新安全宣传教育。在团员、青年中积极开展以安全为主题的入心入脑宣传教育，组织开展"手指口述"、岗位描述、事故案例剖析、现身说法教育、安全知识竞答、"个人无违章，身边无三违"等团员、青年喜闻乐见的活动，让安全知识在班前、班中、班后随时讲、日日讲、月月讲，筑牢安全意识，引导团员、青年自觉养成良好的安全行为习惯，助力全矿安全生产。三是扎实开展我为青年办实事活动。在端午、中秋、元旦等节日来临之际，组织团员、青年在井口开展"端午粽香飘、安全记心间""迎中秋、送温暖、送祝福、保安全"等系列主题活动，积极组织开展百名青工环矿越野赛、青年乒乓球和羽毛球赛、交友联谊会、青工趣味有奖征答等活动，努力丰富团员、青年的业余文化生活，潜移默化地不断增强广大团员、青年的爱企爱岗情怀。

从生产一线工作到党务部门历练，我深深体会到党建工作与井下扛单体柱、打进尺出煤、过构造难度是一样的。党建工作做实了就是生产力，做细了就是凝聚力，做强了就是竞争力。这就需要党务干部绞尽脑汁，潜心钻研，苦思冥想，创新思路和举措，认真贯彻落实执行，真正把党组织的战斗堡垒和党员先锋模范作用发挥出来，以高质量党建工作引领企业高质量发展。

（作者为一矿党委办公室主管、团委书记）

"四强化 五管控"促进干部高效履职

一、实施背景

习近平总书记指出，是否具有担当精神，是否能够忠诚履职、尽心尽责、勇于担当，是检验每一名干部身上是否真正体现共产党员先进性和纯洁性的重要方面。敢于担当是党员干部必备的政治素质和政治品格，能否做到敢于负责、勇于担当，最能体现一个干部的党性和作风。但在实际工作中，一些干部仍然存在不愿为、不会为、不善为的突出问题。

安于现状不愿为。一些干部心态"佛系"、状态"躺平"，存在惰性、守摊、安逸思想。有的工作不积极不主动，认为"干多干少一个样"；有的认为管好自己的"一亩三分地"就可以了；有的自认为年龄大、资历老，可以"喘口气、歇歇脚"了。

能力不济不会为。个别干部不重视学习，学习不深不透，不注重提升自身素质，导致履职能力不足、"本领恐慌"。有的干部缺少干一行、钻一行、精一行的恒心毅力，对工作必需的业务知识浅尝辄止、一知半解，工作不求过得硬、只求过得去。

创新不足不善为。部分干部在实际工作中创新意识不强，在遇到新问题新困难时，怕有风险担责任，不敢创新突破，习惯沿用"老办法"解决问题，导致工作落实有差距。

二、主要做法

一矿党委创新构建"四强化　五管控"管理体系，不断提高干部履职质量，全力打造一支特别讲政治、特别有担当、特别能吃苦、特别能战斗、特别讲奉献、特别守纪律的"六特"干部队伍，助推企业高质量发展。

（一）突出强化四个抓手。 一是提升综合素养，促进真提高、真会干。把政治标准放在首位，全面推行"4+"学习工作法，实施"专业化能力提升计划"，开设"干部大讲堂"，不断提升干部"七种能力"，让干部在磨砺中锤炼作风、增长才干。二是严格制度流程，督促踏实干、努力干。坚持"制度管人、流程管事"，把"当下改"和"长久立"结合起来，全方位、深层次梳理整合管理制度和流程，以合法、合理、高效的制度建设，确保各项工作有章可循、有据可依。三是树立实干导向，激发主动想、主动干。把"干"的指向和"选"的风向统一起来，建立政治素质和履职考评体系，制定下发《干部业绩考评方案》，分专业、分层级交叉打分排名，让干事者上、对优秀者奖、对慵懒者罚。四是强化履职管理，鞭策规范干、规矩干。践行"严管是厚爱，监督是保护"理念，优化完善干部绩效考评机制，以结果为导向，深入开展干部作风效能大提升专项行动，强化纪律作风"六查"，全面推广"四下基层"工作法，推动管理严起来、规矩立起来、业绩干出来。

（二）持续加强五项管控。 由矿党委办公室总体牵头，矿相关职能部门及党总支、直属党支部上下联动、密切配合，常态化开展月度督查、季度讲评、半年剖析、年度评议、业绩考评，强化对各级干部的履职管理。一是月度督查。党委办公室、纪委、人力等部门协调配合，重点对科队级干部下井及值带班、劳动纪律等进行督导检查。党总支围绕督查内容及内部管理实际，每月开展内部督查，全程留痕管理，形成压力向下传导。二是季度讲评。各党总支、直属党支部，结合月度督查所发现问题，在季度末召开干部履职讲评会，由党组织书记主持，党政主要领导分别对本单位副职级干部进行履职评价，并提出希望和要求。三是半年剖析。各党总支、党支部半年召开一次组织生活会，深入剖析队级以上干部半年工作履职情况，认真查找干部履职方面的差距和不足，形成问题清单和整改清单，明确整改期限，并跟踪强化问题整改落实。四是年度评议。由党委办公室负责，纪委全程监督，每年底或次年初对正副职级干部"德学勤廉能绩"综合情况分单位召开民主评议大会，整理统计考评结果，并及时反馈。五是业绩考评。要强化结果运用，将正副职级干部季度讲评、年度评议结果纳入干部业绩考核评价范畴，并作为干部考核工作的重要依据。

三、取得成效

通过构建"四强化 五管控"干部履职管理体系，逐级传递管理压力，形成了上下联动、督查评测一体化推进干部履职管理格局，促进干部综合素质明显提高、工作作风明显转变、经营业绩明显提升。一是综合素质更高。不断释放"严"的信号，在持续加强干部思想政治工作水平的同时，定期组织各级干部开展重要精神专题宣传贯彻以及政策制度规定贯彻落实、安全技能素质提升、事故警示案例等内容的集中学习，开展专题培训78场次，教育引导党员干部规范干事，守住底线。二是工作作风更实。始终保持"严"的主基调，坚持经济考核与组织处理双管齐下，累计经济考核科队级干部 185 人次、72.6 万元，有令不行、有禁不止、履职不力等作风突出问题得到根治。三是经营业绩更优。持续激发"实"的动力，大力营造干部履职担当干事业、凝心聚力谋发展的工作氛围，各项主要经营指标连年攀升，助推企业高质量发展。

四、努力方向

在今后的工作中，一矿将继续以"旗·首"党建品牌创建为引领，持续强化干部履职管理，坚持严管和厚爱结合、激励和约束并重，以严管倒逼有畏、厚爱激发有为，锤炼干部优良作风，真正将组织力量转化为高质量发展优势，推动各项工作提标、提速、提质、提效。

案例 2

"微党课"让党员教育活起来

一、实施背景

党课教育是党内组织生活的重要组成部分，是强化党员日常教育管理的重要形式和抓手，党课教育水平的高低将直接决定党支部工作开展的质量。

习近平总书记在全国组织工作会议上强调，组织建设是党的建设的重要基础，党的全面领导、党的全部工作要靠党的坚强组织体系去实现。2023 年以来，一矿党委牢固树立"大抓基层"的鲜明导向，聚焦深入学习贯彻党的二十大精神，进一步丰富党员教育形式和载体，开展首届"百名先锋党员微党课"评选活动，旨在着力推出一批既接地气、有深度、有温度，又能充分反映一矿特色，具有较强影响力、感召力的优秀微党课，切实展示新时代党员风采。

二、主要做法

（一）精准设计内容，突出"党味"。明确了党课选题，主要涵盖了中国共产党历史、中国共产党章程解读、党的理论知识、党的二十大精神及习近平新时代中国特色社会主义思想解读、企业形势任务教育及"爱党、爱国、爱企、爱岗"教育活动等 8 个方面内容。通过聚焦党的创新理论、人物故事、形势任务，以最接气的表述让受众群体喜欢听、听得懂、记得牢、有收获，使微党课更加生动。

（二）注重递次推进，突出"韵味"。为了提高普通党员组织生活的参与度，在积极引导党组织书记带头讲课的同时，大力倡导和鼓励先进模范、党员骨干也能够踊跃参与授课。活动期间，来自全矿的 98 名党组织书记模范带头"示范讲"，45 名先进模范代表及 163 名生产一线骨干主动请缨"广泛讲"，19 个基层党组织利用"三会一课"、主题党日等形式开设擂台"比赛讲"，广大党员的积极参与，使微党课更接地气。

（三）创新授课形式，突出"趣味"。在丰富形式上下功夫，坚持从小角度切入、多维度发散，积极探索主题式、故事式、现场式、创新式、菜单式等形式多样的微党课，切实将讲台搬到一线、搬到现场，课堂开进基层、开在车间，形成内容更加丰富、灵活多样、便捷有效、职工群众喜闻乐见的授课方式。此外，为进一步丰富党员教育培训资源，享受党课带来的"精神文化大餐"，我们充分运用"线上"课堂，在矿微信公众号上开辟专栏，大力推介"百名先锋党员微党课"优秀作品。党员干部、职工群众通过"指尖"课堂进行学习逐渐成为新常态，使微党课更具活力。

（四）强化组织保障，突出"严味"。活动自 2023 年 6 月 25 日启动，到 11 月底结束。其间，采取"自下而上 + 择优推荐 + 联合评审"的方式开展，划分了筹备、授课、评选三个阶段。实施前期，矿党委第一时间召开专题部署会，明确了各级党组织书记第一责任人的职责，把活动开展质量纳入党建工作责任制考核范畴，相关部门加强过程指导及跟踪问效。活动初始，考虑到微党课制作专业性较强等因素，我矿特地举办了专题培训，从观点提炼、语句打磨、授课技巧等多方面入手，为参赛党员提供业务辅导，进一步提高大家的讲授水平，多措并举、共同发力，推动"百名先锋党员微党课"活动各项要求落到实处，使微党课质效倍增。

三、取得成效

这次"百名先锋党员微党课"评选活动，在前期报名阶段就受到全矿党员干部职工的广泛关注，大家积极报名、踊跃参与。306名党员登台授课，35部作品脱颖而出，分别获一、二、三等奖和优秀奖。受教育的党员越来越多，大家纷纷聚焦本职工作，以更加昂扬的奋斗姿态锐意进取、奋发有为。活动达到了"小故事讲明大道理、小举措发挥大作用、小行动推动大变化"的效果。

（一）**党课形式有所创新**。活动打破了固有的党课教育模式，为新时代推进党内集中教育、加强党员教育管理积累了宝贵经验、形成了有益启示，有效破解党课形式单一、针对性不强等问题。

（二）**党员思想得到升华**。通过开展讲党课活动，广大党员积极参与，在筹备微党课过程中，系统温习党史党章、党的创新理论、党纪党规、企业形势任务等内容，做到了常学常新、常学常悟、常学常得，达到了"温故而知新"的效果。

（三）**履职成效显著提升**。通过教育广大党员干部及职工群众全面了解掌握新形势下党建工作新要求，准确分析审视当前发展新形势，引导员工立足岗位、担当作为、精业敬业，企业凝聚力、向心力和战斗力进一步增强，有效推动了各项工作顺利开展。2023年，一矿安全生产保持平稳态势，党建、生产、经营、信访、平安建设等各项指标圆满完成，连续六届18年蝉联"全国文明单位"称号，成为国家首批智能化示范煤矿，入选国家级绿色矿山名录，企业的美誉度、知名度日趋提升。

四、努力方向

在今后的工作中，我们将以习近平新时代中国特色社会主义思想和党的二十大精神为指引，全面贯彻落实集团公司十五届一次职代会精神，聚焦打造"旗·首"党建品牌，常态化开展"微党课"评选活动，着力打造"指尖"课堂、开设流动课堂、储备教育资源、提升党课质量，加强党员宣讲"轻骑兵"团队建设，让党课与时俱进地"活"起来。同时，结合企业发展实际，持续探索创新党员教育管理工作的新形式、新举措、新办法，为企业高质量发展提供坚强的政治和组织保障。

丰富廉政宣教形式　打造特色清廉文化

一、实施背景和目的

2023 年，集团公司提出"清廉是品牌、清廉是效益、清廉是高效生产力、清廉是核心竞争力、清廉是干部最大的'护身符'"，为深入践行这一理念，一矿将清廉文化深度融入清廉国企创建之中，着力打造富有一矿特色清廉文化品牌，通过"制度明廉、书香学廉、提醒育廉、家风助廉"，开展丰富多彩的廉政宣教活动，增强一矿党员干部廉洁自律意识，营造风清气正的清廉文化氛围。

二、主要做法和成效

（一）制度明廉。 一矿将清廉理念和清廉要求嵌入各项目标任务之中，不断扎紧织密制度笼子，使清廉成为习惯和风气。一是破解同级监督难题，制定下发《关于加强"一把手"和领导班子监督的工作措施》，研究制定党委书记、纪委书记、班子成员监督措施 27 条，有力督促"一把手"和班子成员站稳政治立场、落实政治责任，保障上级重大决策部署在一矿落实落地。二是修订完善《华阳一矿"三重一大"事项集体决策议事制度》，创新建立前置事项清单，进一步提升决策的科学性和规范性，确保企业领导人员特别是主要领导干部正确履职，始终做遵规守纪的"带头人"。三是修订《华阳一矿规范各级管理人员办理婚丧喜庆事宜规定》，创新制定婚丧嫁娶合规承诺书，坚持纠树并举，一手抓纠治，持续狠刹大操大办、借机敛财的歪风邪气；一手树新风，大力推动移风易俗、培育文明风尚，涵养良好矿风。

（二）书香学廉。 一矿因地制宜，挖掘提炼各类廉洁元素，开展系列活动，拓展基层学习载体，不断推动清廉文化建设走深走实。一是选取党纪国法、廉政和管理制度等 63 项 440 条核心条款，编印《纪法制度应知应会知识手册》；精心选购《严以治家》《清风传家》等廉政书籍，引导党员干部树牢廉洁自律意识。二是编制党纪国法应知应会题库，分层印制科级、队级、普通党员考卷，组织 2200 余人进行考试，提高基层党员干部职工的法治意识、纪律意识和制度意识。三是与矿区纪委监委共同举办"笔墨颂清风　廉洁扬正气"书法、美术、摄影、集邮作品展，共征集省市艺术家、矿职工创作的 500 余件作品，从中精挑 100 件展出。

（三）提醒育廉。 一矿着力打造特色清廉文化品牌，警示教育、廉洁提醒、暖心回访多措并举，引导党员干部自觉筑牢理想信念基石和拒腐防变堤坝。一是组织党员干部 1100 余人次观看廉政微电影《紧·醒》97 场，切实让党员干部和基层管理人员受警醒、明底线、知敬畏。二是收集整理近年来典型违纪违法案例 22 例，编印《基层违规违纪违法典型案例》口袋书，深化推动以案促教、以案促改、以案促治。三是紧盯升学节点，在中高考期间，对 44 名子女参加中高考的管理人员，下发《严禁操办"谢师宴"、违规操办"升学宴"的廉洁提醒函》，教育引导党员干部带头树立良好形象。四是围绕责任落实、监督管理、作风纪律建设等方面分层次、分群体组织 282 人次开展党内谈话 53 场，及时帮助其"提领子""扯袖子""醒脑子"。五是通过任前廉政谈话、观看警示教育片、签订廉政承诺书、发放廉政铭记卡、重温入党誓词等方式，对新任职干部进行廉洁教育。六是深化"回访＋警示"模式，对受处分人员开展"暖心回访"教育活动的同时，用身边事警示身边人。

（四）家风助廉。一矿突出廉洁家风文化建设，着力提升廉洁家庭文化教育传播力、吸引力和感染力，引导党员干部带头立家规、严家教、树家风。一是邀请 56 名科级干部和关键岗位人员家属，开展"家企携手共建·同创清廉家风"教育活动，通过填写八小时以外调查问卷、观看家风文化纪录片《家国裴氏》、分享廉洁家风故事、诵读家规家训、赠送廉洁家书、书写廉洁寄语、参观廉政教育基地等形式，教育引导党员干部家属知廉、守廉、崇廉、助廉，弘扬新时代廉洁家风。二是基层党组织发挥堡垒作用，领导干部带头宣讲家风 19 次，引导全体党员以"小家"温暖促"家国"兴盛，营造和美家庭、和睦班组、和谐企业。三是基层正副职级管理人员开展家访百余人次，了解干部职工八小时以外真实生活状况，激发干部职工投身煤矿事业的热情。

三、努力方向和目标

今后一矿将继续创新清廉文化宣教形式，持续巩固和推进"四廉"体制机制，真正使清廉文化"活"起来，在"人人参与、全员创建"清廉国企中，形成"人人崇廉、人人尚廉"的良好企业风气，让新时代清廉文化在一矿蔚然成风、深入人心，助推一矿全面从严治党和党风廉政建设工作更上一层楼，为一矿高质高效完成生产经营各项目标、打造现代化精品标杆矿井提供坚强的政治保障。

网上诉求平台化解信访事项"1+5"工作法

一、实施背景

习近平总书记指出，要坚持好、发展好新时代"枫桥经验"，坚持党的群众路线，把问题解决在基层、化解在萌芽状态。近年来，一矿不断树牢以人民为中心的发展理念，积极从新时代"枫桥经验"中汲取智慧和力量，以微信小程序"职工诉求平台"为抓手，强化信息化支撑，推行网格化管理，提升精细化服务，妥善化解了各类矛盾纠纷，有效提升了基层治理的能力和水平，有力推动了企业高质量发展。

针对职工信访渠道相对单一、走访量占比较大现象，一矿以信息化赋能基层治理，依托微信小程序，上线运行"职工诉求平台"，全面实施"1+5"工作法，在降低走访量、提高职工满意度、增强企业凝聚力等方面收到了良好效果。

二、主要做法

（一）少走访、多网访，搭建网上"职工诉求平台"。 为进一步引导职工群众少走访、多网访，维护企业正常生产经营秩序，2020年7月，一矿在微信小程序上线运行"职工诉求平台"，设置4个窗口，分别是：投诉登记窗口，用于职工登记相关信访诉求、查看答复意见；信访处理窗口，用于信访工作人员接收、转办、答复信访事项；部门办理窗口，用于责任单位接收信访事项、回复处理意见；信访查询窗口，用于信访事项办理情况综合查询，着力打造畅通便捷、务实高效、规范有序的信访渠道，让"职工少跑腿、信访'码'上办"，职工足不出户，就可方便快捷反映诉求，在企业和职工之间又搭起了一座"连心桥"。

（二）出实招、下真功，全面实施"1+5"工作法。"1"是用好"职工诉求平台"这个抓手。"5"是在5个着力点上持续发力、久久为功。

诉求平台＋暖心化服务，进一步提高接访服务水平。坚持把职工的事情当成自己的事情，回复职工诉求有耐心、用真心、见细心、真用心。坚持线上线下相结合，对于不满意回复意见的来访职工，做到一把椅子请坐、一杯热茶温情、一张笑脸相迎、一片诚心相待，认真做好宣传解释工作，较好地起到了贴心交流、理气纾郁、化解矛盾的作用。

诉求平台＋法制化教育，进一步增强职工依法信访意识。及时制定出台使用管理办法，加大宣传学习力度，让职工了解"诉求平台"、掌握操作流程、注意填报事项，并在办公楼、任务楼等人员密集场所张贴平台二维码，方便职工扫码登录，进一步提高职工对网上信访的知晓率和认可度，引导职工网上信访、诚信信访、依法信访，理性反映信访诉求。

诉求平台＋规范化办理，进一步规范信访事项办理程序。职工如实填写个人信息和诉求内容，一矿信访办认真鉴别诉求内容，转交、督促相关单位限期出具、及时上传处理意见，提醒职工实时查看；对不予受理事项第一时间回复职工，并建议向有关单位提出。

诉求平台＋精准化督导，进一步压实各级人员落办责任。建立职工诉求清单式管理台账，明确时间节点任务目标要求，加大信访事项督办力度，完善回访机制，以事项督办倒逼责任落实，提高信访事项办理效能。

诉求平台＋目标化考核，进一步体现信访工作的重要性。将信访工作纳入党建工作重要范畴，同安排、同部署、同检查、同考核，对出现缠访、闹访、越级上访等情形的单位和个人严肃追责问责。

三、取得成效

三年来，"诉求平台"收到各类诉求 241 项，所有诉求均给予合理回复，职工满意度大幅提升，走访量同比下降 20%，做到了"小事不出队组、大事不出工区、要事不出矿"，杜绝了赴省、进京信访，并带来可喜的变化。

切实转变了职工观念。"不走访，问题同样能够得到解决"的思想深入人心，"网访"成为一矿职工反映诉求的首选。

切实改进了干部作风。各级干部深入基层，852 项矛盾纠纷及时得到排查化解，党群干群关系进一步密切融洽。

切实推动了清廉国企建设。全面推广工资奖金分配听证会制度，有效解决了工资奖金分配中存在的不透明问题。

切实促进了中心工作的完成。维稳凝聚力转化为企业发展生产力，安全态势稳中向好，主要经济指标强劲，一矿跑出全方位高质量发展"加速度"。

以党的建设促进"服务＋素质"双提升

2023 年以来，一矿生产生活服务中心班中餐党支部紧密结合自身实际，以提升后勤服务保障能力为目标，找准党建工作与企业中心任务契合点，确立并打造以党的建设促进"服务＋素质"双提升品牌项目，不断提升优质服务水平，为职工打造一个温馨舒适的工作环境。

一、党支部概况

一矿生产生活服务中心班中餐现有职工 96 人，其中党员 9 人，男职工 27 人，女职工 69 人，承担着井下一线职工供餐、二线职工副食品发放、值班人员就餐及职工大厅的售饭等工作。2019 年至 2021 年，班中餐党支部连续三年被矿党委授予"红旗党支部"称号，2020 年被集团公司党委授予"先进基层党组织"称号。

二、品牌创建做法

（一）持续加强组织建设，夯实战斗堡垒。一矿生产生活服务中心班中餐党支部按照"加强基层党组织建设，以提升组织力为重点，推动基层党组织全面进步、全面过硬"的总要求，深入开展学习贯彻习近平新时代中国特色社会主义思想主题教育和"爱党、爱国、爱企、爱岗"教育活动，扎实开展"三会一课"、主题党日、组织生活会、星级评价等工作，2023 年度评出五星级党员 2 人、四星级党员 2 人、三星级党员 5 人，并统筹抓好五星级党员的示范引领，三星、四星党员的巩固提高，切实把党员教育管理融入日常、抓在经常、严在平常，在矿党委开展的"百名先锋党员微党课"活动中，《新时代弘扬伟大抗战精神》获得二等奖。

（二）强化日常监督检查，保证服务质量。一矿生产生活服务中心班中餐党支部在支部品牌创建活动中，严格执行"三管一检查"，切实提升后勤服务水平。一是管好人员，促进形象提升。严抓职工日常行为养成，严格文明用语，规范行为举止，努力打造"五星级服务窗口"，树立优质服务形象。二是管好食材，确保品质新鲜。严格生熟储放制度，对易腐败食物妥善保管。食材预处理前，反复检查确认是否霉变、有异味，做到原料先入先出，随时检查。操作加工食物，生熟分开处理，严禁腐败变质食物流入餐桌，确保食品安全。三是管好卫生，优化就餐环境。由专人专职管理，抓好各类器皿设备消毒清洁工作。对餐厅、食材库房、厨房橱柜死角，保持通风随时清扫，确保无杂物无积水，整洁干净又卫生。四是定期检查，提升工作质效。定期开展督导检查，做好职工考勤、着装、食品储藏的抽检工作和菜肴质量监督等关键环节，倒逼管理效能提升。

（三）持续加大培训力度，提升职工素质。素质是立身之基，技能是立业之本。一矿生产生活服务中心班中餐党支部积极开展培训提升活动，充分利用"二五"安全活动和"一周三培"等载体，扎实开展"文明礼仪服务标准""职工行为规范养成""烹饪技术""食品安全法""膳食营养搭配"等大培训、大提升活动，不断提升操作人员在烹饪技能、各类菜品和面食制作以及刀工刀法等科目的理论知识水平与实践技能。同时，定期选派人员参加炊事员技术比武，在刀工切配、火候掌握、油温控制、调料配比等方面进行实战比拼，积极营造在比中学、学中干、干中超的良好氛围，为重要岗位储备了过硬的后备技术人才。结合"四爱"教育活动，创新开展"最美后勤人"评选活动，赵改英、胡华云、李梅、杨丽丽成为先进典型，充分展现了后勤职工良好的精神风貌。

（四）切实办好民生实事，共享发展成果。一矿生产生活服务中心班中餐党支部始终践行"把职工安居乐业、安危冷暖放在心上"的理念，把职工群众的小事当作自己的大事，并立足矿井实际，大力推进"点菜式"管理，精心制定每日菜谱，认真组织加工制作，分类打包送到井下就餐职工手中。同时，每月定期到采掘队组征求意见建议，根据反馈信息适时调整或增加菜品，切实做到菜品可口，保质保量。除此之外，还采用塑料袋打包饭盒的方式配送到井下，并在饭包内放置热水壶，提升保温效果，确保井下职工吃上热乎饭、喝上热水，不断提升全矿职工的幸福感、满意度。

三、取得成效

一矿生产生活服务中心班中餐党支部自开展品牌创建以来，已成为全矿"五星级服务窗口""文明之窗"，党员、职工上标准岗、干标准活，比学赶超、创先争优氛围浓厚，实现了"服务、素质"双提升，先后涌现出了徐晓霞（高级工）、尚静（高级工）等业务操作能手，为全矿干部职工吃上安全放心、味道可口的饭菜提供了优质的后勤服务保障。

擎旗奋进再出发

高质量发展篇

保安全　抓标化　攻重点　严管理　稳生产

以"四爱"教育活动实效推动企业高质量发展再上新台阶

侯志勇

爱党、爱国、爱企、爱岗，是忠诚和信仰，更是责任与担当。开展"四爱"主题活动，是华阳集团深入贯彻落实党的二十大精神，巩固拓展学习贯彻习近平新时代中国特色社会主义思想主题教育成果的有力举措，意义重大，十分必要。作为党员干部，我们必须充分认识肩上的责任和重担，积极履职尽责、担当作为、求真务实，紧紧围绕"保安全、抓标化、攻重点、严管理、稳生产"总体思路，统筹推进"八个工作专班"，加快发展新质生产力，坚持把心思用在工作上，把精力用在落实上，见效果、出业绩，真正为集团分忧、为企业尽责、为职工奉献，助推集团公司全方位高质量发展不断取得新突破。

> **八个工作专班**
>
> 高产高效工作专班、单进水平提升工作专班、千米钻机应用工作专班、机电设备标准化工作专班、拆除安装工作专班、地质构造探测工作专班、选煤建设工作专班、切顶卸压工作专班。

一、保安全、抓标化，牢牢把握安全生产主动权

"安全第一"是做好一切工作的试金石，是落实"以人为本"的

根本措施。近年来，全国各地煤矿事故呈现出多发频发态势，造成大量的人员伤亡和恶劣的社会影响。各级安全监察监管部门采取随机抽查、突击夜查、明察暗访等方式，全面开展安全生产大检查，处罚力度空前。华阳一矿作为集团公司特大型主力矿井，不仅承担着能源保供的重要政治任务，更肩负着安全生产主体责任。

因此，我们必须立足"两个根本"，践行"两个至上"，牢固树立"安全是管出来的"理念，深刻认识"安全管与不管不一样、真管与假管不一样"，在"十真"管理上狠下功夫，以"五个狠抓"为着力点，全力提升矿井本质安全水平。狠抓依法治矿合规经营，严格贯彻落实中办国办《关于进一步加强矿山安全生产工作的意见》《煤矿安全生产条例》、国务院安委会《关于防范遏制矿山领域重特大生产安全事故的硬措施》、治本攻坚二年行动和山西省"五不为过""五个必须"

▲ 扎实推进安全生产标准化建设

等各项要求，坚决杜绝"七假五超三瞒三不两包"等违法违规行为，严格按照生产能力公示的"三采十五掘"组织生产，强化单班入井人数管控，实现经营法治化、管理合规化。狠抓安全生产标准化提档升级，切实把安全生产标准化作为预防事故、强化安全生产管理的重要基础，围绕"八个要素""十五个专业"，创新实施"六个一"工作机制，高质量开展达标竞赛和现场推进会，高标准推进西北两翼大巷、十三采区、十四采区、采掘工作面及地面标准化项目，做到开工即达标、完工即精品，确保年度建成两个示范采煤工作面、两个示范掘进工作面和十四采区示范采区，为顺利通过国家安全生产标准化一级矿井验收奠定基础。狠抓区域瓦斯超前治理，坚决落实集团公司"精排一年、细排三年、规划五年"要求，坚持"一矿一策、一面一策"，持续推进"8+3"瓦斯治理模式，狠抓西部区域瓦斯治理，在五采区试验定向钻机，在十六采区应用以岩保煤下向造穴钻孔，围绕"定得准、打得深、抽得出"目标，全力攻关突破，坚决实现瓦斯"三零"目标。狠抓现

"8+3"瓦斯治理

"8"指保护层开采、以岩保煤、小煤柱掘进、气相压裂、水力冲孔造穴、水力压裂、沿空留巷、沿空留墙8项技术，"3"指钻孔抽采系统标准化、钻孔施工在线监控、抽采量精准计量3项管理手段。

场安全管控水平，坚持"无监控不作业、无监管不作业"原则，全面落实全员安全生产责任制，持续加大干部常态化跟班调研、"网格化"安全包保、"两级"小分队动态化督查、安监员专责制盯防力度，充分发挥视频监控系统的"天眼"监督和震慑作用，严格管控"三违"行为，实现全区域、全过程、全方位安全监管。狠抓隐患风险排查整治，不断强化"双重预防机制"，认真开展"1+4+1+N"风险辨识，健全完善"矿综合排查、系统专业排查、区队细化排查、班组自主排查、岗位主动排查"的风险防控体系，认真落实红黄牌管理考核办法，

严格管控顶板、运输、机电、防治水等重点领域，狠抓习惯性违章、重复性隐患整治，坚决遏制和防范安全事故发生。

二、攻重点、提能力，着力破解高质量发展瓶颈

一矿作为老矿，矿井运输战线长、生产环节多，随着产能持续释放，生产战线不断拉长，煤矸材料远距离运输及风、水、电的供给能力不足的短板逐渐凸显。面对制约矿井高产高效的发展瓶颈，我们必须要有"闯"的精神、"创"的劲头、"干"的作风，在解放思想中闯出新路子，在真抓实干中闯出新天地，只要是利于企业发展和职工群众的事，就要敢于挑重担、敢啃硬骨头、敢涉深水区，用心谋事、尽心干事，切实履行好推动企业高质量发展、维护职工利益的神圣使命。

坚持把提升系统能力作为攻坚重点，以"五个全力"推进重点工程建设。全力推进阎家庄风井项目施工进度，建成投用后可有效缓解西部区域风量紧张问题，还能够缩短辅助运输距离、降低人员劳动强度；全力推进五采区原临时皮带更换1.4米强力皮带工程，确保主运系统更加安全可靠；全力推进、超前谋划北翼供水、供液和压风系统改造工程，为产能释放创造有利条件；全力推进选煤厂末煤全入洗技改项目，坚持"全入洗、精品煤"战略，努力把"粗粮做细""细粮做精"，实现产品综合效益最大化；全力推进供电系统改造工程，努力提高矿井供电系统安全稳定运行能力。坚持挂图作战、倒排工期、对表推进、节点验收，紧盯不放，一抓到底，严把安全、工期、质量关，力促项目建设提质增效。

三、严管理、强作风，推动各项工作提标提速提质提效

对企业来讲，不论大小，严格管理是企业生存发展的基本要求，没有严格的管理做保障，再好的规划和部署也会变成镜中花、水中月。特别是面对当前安全形势严峻、市场复杂多变等多重挑战，更加容不得我们有丝毫松懈。必须坚持严管和厚爱结合、激励和约束并重，以严管倒逼有畏，厚爱激发有为，做到严中有己、严中有章、严中有爱、严中有恒、严中有度，以严格管理锤炼优良作风，推动各项工作提标提速提质提效。

重点在"五个着力"上下功夫。在教育上着力，坚持"以文化人、以文育人"，强化党员干部政治理论素养和业务能力提升，固化提升"3+9"安全文化建设体系，狠抓职工安全知识、操作技能、案例警示等学习考试，扎实开展"师带徒"工作，严格实行安全培训与干部绩效挂钩考核，不断提升全员技能水平和综合素质。在机制上着力，

▲ 职工上下井"打旗排队"保安全

坚决落实跟带班、安全包保等制度，严格执行举旗集体升入井、安全承诺宣誓等规定，狠抓劳动纪律，进一步规范考勤管理和请销假制度，建立健全合规管理体系，充分发挥"13710"工作制度的牵引作用，大力倡导"雷厉风行、干则必成"的工作作风，推动管理严起来、规矩立起来。在选任上着力，树立"实干实绩、德才兼备"的用人导向，严格干部选任程序，畅通干部流通渠道，综合运用教育引导、评先选优、考核评价、管理监督等措施，着力打造忠诚干净担当的高素质专业化干部队伍。在严实上着力，坚持将"严"字贯穿到每一项工作、每一个环节，以《进一步强化干部作风建设若干规定》《管理人员"不作为、慢作为、乱作为、不善为"行为问责办法》为依据，以"点穴式"监督为手段，紧盯关键少数、关键岗位、关键环节、重要节点，常态化开展集中性、全覆盖作风监督检查，对作风漂浮、侵害职工和企业利益及违纪违法等问题从严查办问责，为企业高质量发展保驾护航。在民生上着力，始终把职工满意作为"第一标准"，用心用情用力解决职工急难愁盼问题，常态长效化开展矛盾纠纷排查化解、扶贫解困送温暖等工作，紧盯改善职工生产作业环境、提升本质安全水平、提高工资福利待遇等惠民实事，真正把实事办好，把好事办实，不断增进民生福祉，持续提升职工群众的安全感、幸福感、获得感、自豪感。

四、稳生产、提效能，为企业高质量发展注入强劲动能

稳字当头、稳中求进，是实现高质量发展的重要基石。近年来，华阳一矿始终坚持守正创新，发挥自身优势，聚焦主责主业，持续做强做优做大，稳步推进高产高效矿井建设，不断提高生产效率、经济

效益和职工收入水平，走出一条安全、高效、绿色、智能的高质量发展之路。但在高产高效建设进程中，依然存在诸多问题和挑战，与"国内一流、世界先进"目标仍有一定差距。因此，稳生产、提效能仍然是我们当前及今后的重要任务。

我们将牢牢把握"安全第一、稳中求进"总基调，紧紧围绕全方位推动高质量发展主线，锚定高效稳产目标，科学优化生产布局，牢牢把握"三个坚持"，助推矿井安全高效集约发展。坚持推进生产集约高效，狠抓正规循环、设备管理、现场管控、队伍建设，强化超前精准地质预报，持续打造151305、151212等一批高产高效工作面，在南北两翼各打造一支年产300万吨以上的标杆采煤队，努力实现日割八刀煤"华阳标准"，争取矿井综合单产达20万吨/个/月以上，着力推动矿井稳产高产。坚持抓好衔接准备，围绕整体衔接排布，科

▲ 新质生产力激发新动能

学优化顶层设计，超前谋划工作面拆安工程，强化施工过程监管，确保达到高效拆安目标，保障回采队组高效衔接。同时，全力以赴提升掘进效率，紧盯技术创新、装备升级、强化管理等重点，充分发挥盾构机、掘锚一体机效能，持续推广锚杆台车、单轨吊、无轨胶轮车和远距离皮带机等装备，不断优化劳动组织和工艺工序，努力打造3支年掘进3000米以上的标杆掘进队，带动矿井综合单进达270米/个/月以上。坚持巩固提升智能化建设水平，高起点谋划、高质量推进智能化采掘工作面应用场景建设，在2个综采工作面、6个掘进工作面引入整套智能化采掘技术装备，综采工作面达到"智能化综采作业＋人工干预"的标准，掘进工作面实现掘、支、锚、运、破一体化协调控制和平行作业目标。同时，携手中国联通智慧矿山军团，推动一矿成为5G RedCap矿山场景下唯一标杆。

新征程彰显新担当，新使命展现新作为。让我们在集团公司的正确领导下，团结进取，开拓创新，攻坚克难，真抓实干，把目标刻在心上，把执行视为铁律，把担当作为自觉，以逢山开路的拼劲、抓铁有痕的实劲、久久为功的韧劲，把爱党爱国爱企爱岗刻在奋斗的旗帜上，争做集团安全生产示范排头兵、主力矿井领头羊，以奋进之姿谱写我矿高质量发展新篇章，为集团公司转型发展贡献一矿力量！

（作者为一矿矿长）

担当作为强管理　实干笃行促发展

高临君

《干好工作18法》《善待你所在的单位》《什么叫工作到位》三篇文章让我受益匪浅，对经营管理工作有了更深刻的认识和体会。在新的发展阶段，结合形势转变工作方式，以科学态度和务实精神开创全矿经营管理工作发展新局面。

一、发扬担当精神，当好服务发展"主心骨"

通过研读，几篇文章都将"勇于担当，敢于负责"贯穿始终。经营管理部门责任重大，使命光荣。担当是一种精神，更是一种能力。作为分管全矿经营管理工作的总会计师，我必须从严从实加强个人建设，在经营管理领域不断攻坚克难，以"担当精神"不断打磨自己、打磨团队，全力以赴服务职工群众，推动企业发展。

（一）弘扬工匠精神，让担当有"温度"。对于很多矿工而言，这份工作一干便是一辈子，建设矿山、奉献自我也成为一个时代的号角。我们需要弘扬工匠精神，彰显矿山职工爱企爱岗的固有本色，对自己工作岗位更加尊重、崇尚和热爱。正如《干好工作18法》所言，要主动摒弃"差不多""过得去"的应付态度，把日臻完美、追求卓越的精神注入劳动实践当中，创造更多有竞争力的优质煤产品。以提高全矿经营管理水平为核心，凝聚精神，团结力量，积极指导协调部门做好"0+6"全面成本管控、全面预算管理、物资供应管理等工作，抓好总控，同时做好市场的调研及开拓，严格煤质管理、优化外运结构，提升煤炭销售收入。

（二）勤于学习思考，让担当有"深度"。习近平总书记曾指出，领导干部学习不学习不仅仅是自己的事情，本领大小也不仅仅是自己的事情，而是关乎党和国家事业发展的大事情。我们要牢固树立终身学习的理念，自觉把学习作为一种思想境界、一种精神追求，下得苦功夫，求得真学问。一方面要深化理论学习，用习近平新时代中国特色社会主义思想凝心铸魂，把思想和行动统一到党中央决策部署上来，增强信心、提振精神。另一方面要提升业务能力，以对标一流、苦练内功、突破"两线"为抓手，强化内部管理，完善内控机制，着力提升经营管理水平，实现谋经营、抓落实、强管理；深入领会集团公司、矿"职代会"精神，吃透书本理论，借鉴先进经验，做到在学中干、在干中学，为一矿科学决策提供依据。

（三）强化管理监督，让担当有"力度"。经营管理部门不仅是全矿经济运行的核算单元，还是对外服务的形象和窗口，应牢固树立廉洁意识，强化管理监督，从根本上筑牢拒腐防变的防线。一是强化工程管理，降低工程造价，规范工程管理程序，严格招标制度落实，充分发挥人力、技术优势，确保"自己能干不外委、自己能修不外委"。二是强化资金管控，实现资金良性循环和高效运作。根据相关规定，修订我矿《资金管理办法》，确保我矿资金管控有规可依；重新梳理各项资金支付事项，合理调度安排资金，合理划分资金管控职责。三是强化关键岗位人员工程招投标、设备采购、工程建设等关键环节重点监督，深入纠"四风"树新风，引导分管系统的党员干部强化作风建设，抓早抓小，防微杜渐，不断提升经营系统党风廉政建设水平。

二、发扬实干精神，当好经营管理"压舱石"

实干笃行，奋楫争先。习近平总书记强调，每一项事业，不论大小，都是靠脚踏实地、一点一滴干出来的。道虽迩，不行不至；事虽小，不为不成。《干好工作 18 法》也讲道："一个行动胜过一打纲领。"做人做事，最怕的就是只说不做，眼高手低。不论学习还是工作，都要面向实际、深入实践、严谨务实，苦干实干。

（一）以科学的工作计划设计实干"路线图"。面对繁杂的工作任务时，要善于制订科学的工作计划，做好统筹规划，有条不紊。积极

▲ 全面实施"0+6"成本管控

制订工作学习计划，将任务具体分配落实到部门的经营管理人员，定期召开工作会议，共同商讨对策，寻找解决方案，着重提高部门员工的执行力。如在经济运行分析会中，以真实准确的数据支撑，确保成本分析质量；充分利用可视化数据图表进行经营分析，找出成本管控的短板、难点，在精准施策上下更大功夫，确保吨煤成本控制在指标内。

（二）以扎实的经营管理打牢实干"地基"。 注重挖潜降耗，促进提质增效，是当前和今后一段时期集团公司持续健康发展的必然选择。必须要找准自身管理的薄弱环节，瞄准突出问题，有计划、有步骤地实施改善。一是要完善经营制度，对不合理、不顺畅的环节及时补充完善，对有令不行或执行不力的单位负责人进行严格追责问责，确保制度措施落实到位。二是强化全面预算管理，按照部门管控、重点费用监控的原则，将所有非生产费用分解到具体管理部门和具体责任人。三是建立成本费用统一管控、设备修理维护统一负责、队组使用监督反馈"三权分立"模式，做到"超额处罚、结余分红"。四是加强立标对标工作，从生产、经营等各项指标与行业先进企业进行对标，以对标促降本增效，以对标促管理提升。五是牢固树立"素质提升降成本"的理念，在开展成本管理、生产经营等各类业务培训的基础上，以微信小程序为载体，进行每日"0+6"成本管控知识答题和月度考试，努力打造一支政治坚定、作风优良、业务精通的经营管理队伍。

（三）以严格的机制绘制成本管控"晴雨表"。 一是严格落实"0+6"成本管控考核，系统成本指标与矿领导月度绩效薪总额的10%挂钩考核，单位成本与科级领导绩效薪的20%挂钩考核。二是完善激励与约束机制，实行经营业绩指标挂钩考核管理，把全年各项生产经营指标进行细化，分解到全矿各系统、各单位、各部门把关落实。三是加强大额单项成本指标的考核，将"0+6"成本管控指标从项目承包或费用包干中剥离，实行项目承包或费用包干与"0+6"成本管控双向管控与考核。四是加强现场成本基础管理，以月度成本基础管理检查为抓手，严格队组材料、设备收发存、回收复用管理考核，做实基础管理工作。同时以井下周转材料库为依托，加大物资回收复用力度，充分挖掘节支降耗潜力。

三、发扬创新精神，当好转型升级"动力源"

近年来，集团公司勇担"在转型发展上率先蹚出一条新路"的历史使命，聚焦新材料产业，优化国有资本布局，率先转型谋发展，吹响了新发展阶段以创新驱动引领高质量发展的前进号角。在经营管理方面，我们要以创新为第一动力，推动企业高质量转型发展。

（一）理念创新，构建精细化管理体系。一是加强形势任务教育。引导广大干部职工深刻认识到企业兴衰匹夫有责，皮之不存、毛将焉附的朴实道理和利害关系，真正形成上下同心、共克时艰的强大合力。二是加强精细化理念教育。不断强化目标管理、计划管理和预算管理，构建"严、细、实"的精细化管理体系，确保"事事有人管、人人有专责、凡事有考核"。三是转变"重生产、轻成本"的理念，进一步健全和完善全面成本管控体系，全面推行矿长领导下的系统分管领导负责制，系统分管领导履行分管系统成本指标管控职能。四是在集团公司"0+5"全面成本管控的基础上，以严格管控生产、衔接、机电、通风、选煤、经营六大生产系统为抓手，深入推进"0+6"成本管控。

（二）管理创新，完善科学投入的发展模式。一方面，通过强化矿井"三基"建设，保证安全重点环节应投尽投绝不浪费，夯实矿井安全发展根基；加强生产设计管理，合理布局、提高效率，降低成本投入；加强机电设备管理，加大维检力度，减少配件消耗和修理费用支出，提高设备使用效益；加强工作面安拆管理，强化过程监管和库存物资利用，提高工作面安拆效益。另一方面，打好"一优三减"、衔接准备、机电设备管理三大降本增效攻坚战，科学优化生产系统。大力推进采区无用系统巷道封闭，积极推广工作面顺槽钢丝绳卡轨车，降低劳动强度，提高运输效率；坚持把抓好衔接准备作为保障矿井持续高效生产的关键，做到超前谋划、科学准备、合理排布，确保抽、掘、采衔接有序；树牢"抓住机电就是效益"理念，严把设备修理质量关，严格相关部门、使用单位、修理单位"三方"现场验收，

▲ 强化物资管理

注重机电设备操作人员培训，确保机电设备安全稳定运行。

（三）改革创新，实现降本增效目标。一是加强劳动用工改革，进一步优化人员结构配置，盘活劳动力资源，提高劳动效率。二是深入开展"一优三减"工作，紧跟矿井智能化建设进程，借力"5G+"技术与煤矿安全生产深度融合，以智能化为引领，新装备为抓手，稳步推进机械化换人、自动化减人。三是全力提升单产单进水平，着力打造151406、15405等一批260米大走向大采长高产高效主采工作面，在南北两翼各打造一支年产300万吨以上的标杆采煤队。科学优化支护设计和瓦斯治理措施，充分发挥盾构机、掘锚一体机等装备效能，积极开展等级队达标奖励和重点队创水平活动，坚定不移打造"单进标杆示范矿井"品牌。

（作者为一矿总会计师）

在企业全方位推进高质量发展中
守心拓路敦行竞进

郭 震

当前，加强煤矿机电系统建设，是煤矿企业打造本质安全型矿井的基础保障，是推进高产高效的重要前提，对全方位推进矿井高质量发展有着举足轻重的作用。下面，我将从自身工作出发，围绕开展煤矿机电系统建设浅谈认知体会。

一、保持居安思危、防患未然的危机感，强化安全红线意识和底线思维，时刻绷紧安全生产这根弦

要健全风险防范化解机制，坚持从源头上防范化解重大安全风险，真正把问题解决在萌芽之时、成灾之前。2019年11月，习近平总书记在中央政治局第十九次集体学习时对做好安全生产工作作出了重要指示，为我们提高防范化解重大安全风险提供了根本遵循。

2023年以来，我省接连发生多起煤矿安全生产事故，安全生产形势复杂严峻，扭转安全被动局面迫在眉睫。作为一名国有企业党员干部，我认为，要全面学习贯彻习近平总书记关于安全生产的重要论述和指示批示精神，贯彻落实《关于进一步加强矿山安全生产工作的意见》，准确把握新时代安全生产工作新形势，主动适应新时代安全生产工作新要求，深刻践行新时代安全生产工作新理念，将"时时放心不

下"的责任感转化为"事事心中有数"的行动力，坚定不移扛牢安全生产这项政治责任、社会责任、经济责任。牢固树立"安全是管出来的"理念，严格按照集团公司安全生产"十真"工作要求，立足"防风险、除隐患、遏事故"，拧紧压实安全生产责任体系、安全技术保障体系、双重预防管理体系、安全生产标准化管理体系，实现安全风险超前管控、重大事故超前预防，全力消除机电隐患、坚决杜绝电气设备失爆、全面遏制无计划停机停电停风等重大机电事故发生，推进机电安全生产标准化系统达标、动态达标、岗位达标，竭尽全力创造安全和谐稳定的生产环境；千方百计保障职工群众的生命和财产安全，全面提升人机环管本质安全水平，推动企业基业长青、永续发展。

二、增强时不我待、刻不容缓的紧迫感，压实安全主体责任，发挥安全警示教育作用，构建安全生产坚不可摧、牢不可破的严密防线

下好落实安全生产责任这招"先手棋"。"安全生产责任每压紧一层，生命的堤坝就加固一分。"这就要求我们带头落实安全生产责任制，依法依纪依规履行安全职责，一级带着一级干，逐级压实安全责任，进一线、进现场、进车间、进班组、进岗位，查摆分析在思想意识及纪律作风、规章制度及安全措施、工艺流程及设备设施、职业卫生及职业健康方面存在的突出问题、共性问题和深层次问题，将制约安全生产的危险有害因素、隐蔽致灾因素提前识别出来、管控起来、整改到位，让安全风险、事故隐患、"三违"行为无处可藏、销声匿迹。

苦练安全警示教育这项基本功。每一次生产事故的发生，都是一次对安全生产的警醒，也是一次血淋淋的惨痛教训，更是一部生动而深刻的现实教材。所以，要大力开展观看《黑色三分钟、生死一瞬间》安全警示教育活动，要让职工真正看明白，由于人的哪些违章违规行为、设备设施的哪些不安全状态、作业环境的哪些危险有害因素、规章制度的哪些漏洞、现场管理的哪些缺失导致事故发生。让职工真正想明白，日常工作中自身是否也存在类似违章违规行为，是否存在安全意识不牢、是否存在安全技术短板、是否存在安全预想不足的问题，教育激励职工坚决做到有令必行、有禁必止，算清生命、家庭、经济"三笔账"，做安全生产的忠诚捍卫者、坚定践行者、自觉守护者。要让职工真正干明白，从事每一项工作都要遵守规则，一举一动都要符合规范；坚持"四不伤害"原则，深化自保互保联保意识，树牢以"三违""三惯"为耻，以遵章守纪为荣的安全观，坚持不懈抓在日常、严在平常、重在经常。

牵紧安全技能培训这个牛鼻子。围绕机电系统 67 项岗位工种，有序开展《煤矿安全规程》《岗位应知应会》、"四述"工作法等安全培训，强化职工安全意识、规则意识、标准意识、服从意识，着力克服重生产、轻安全粗放管理模式的"锁定效应"；走出"干惯了、看惯了、习惯了"的思维误区；破除安全管理"说起来重要、做起来次要、忙起来不要"的形式主义，巩固提升安全生产稳中有进、持续向好的局面。

三、激发干事创业、奋发有为的成就感，加快新旧动能转换，推进"四化"深度融合，推动智能化矿山建设走深走实、行稳致远

2020 年 3 月，国家发展改革委、国家能源局等八部委联合下发了《关于加快煤矿智能化发展的指导意见》，为"十四五"期间推动煤炭工业高质量发展明确了努力方向，煤炭工业生产模式和管理方式迎来了前所未有的深刻变革。

近年来，华阳一矿按照集团公司"煤炭安全绿色智能开采和清洁高效深度利用"的要求，立足打造国家级智能化示范矿井的目标任务，全面落实顶层设计，积极探索基层实践，经过3年的不懈努力，成功跻身国家首批智能化示范矿井第一阵营并顺利通过山西省首座智能化选煤厂验收。同时，通过山西省能源局验收的智能化掘进工作面达到高级标准的有3个、达到中级标准的有9个、达到初级标准的有14个；通过山西省能源局验收的智能化综采工作面达到中级标准的有7个。此外，1086路视频监测系统实现了地面、井下作业场所全面覆盖，形成了"无监控不作业、作业现场可视化"落地生根、遍地开花的生

▲ "太空舱"式综采智能化控制系统

动局面，走出了一条特色鲜明、定位清晰、亮点纷呈的发展之路。

以"创新+"驱动力，开辟"新赛道"。151405高抽巷运用国内首套EQS-3000型小断面岩巷盾构机，凭借单班最高进尺22米、单日最高进尺51米、单月最高进尺641米的成绩，刷新了国内同类巷道单日进尺最高纪录，被山西省能源局评定为第一座智能化高级掘进工作面，2023年成功入选国家煤炭工业智能化快速掘进示范项目序列。

以"智能+"驱动力，打造"主战场"。近年来，华阳一矿通过在采掘工作面持续引入成套智能化技术装备，全面形成了采场多维感知、集成监测与监控、多设备协同联动、数据采集与分析的生产模式，同时配备集团公司首套采掘生产系统"太空舱"，具备地面远程控制井下采掘生产设备运行的功能。智能化综采工作面煤炭产量从人工作业月均22万吨提高到30万吨，生产能力提高36.3%；人员配置由17人减少到9人，减少53%；每完成一刀煤，人工现场干预不超过5次，推动了生产效率与安全效益双向提升。

以"科技+"驱动力，催生"新动能"。北头咀降压站、副立井提升机、主斜井强力胶带输送机陆续投运智能巡检机器人，通过综合运用智能传感装置及视频监测监控系统，可替代人工巡检对电力系统、控制系统、设备装置、安全设施运行状态以及甲烷、烟雾等有毒有害气体浓度全过程、全天候；多站点、多区域在线监测，同步实现了远程监控、信息采集、数据回传、预测预警、系统诊断、故障判定一体化运行，充分激发了一头推进科技兴安、一头促进减员增效的"扁担效应"。

以"信息+"驱动力，夯实"主阵地"。矿井通信联络系统、自动化监测控制系统、综合智能管控系统、灾害综合防治系统、透明地

▲ 井筒巡检机器人

质保障系统、工业视频监测系统、生产经营管理系统同向发力、协同并进构建信息化、数字化生态体系。同时，积极开展数字孪生技术和大数据应用开发，推动61套信息化系统互联互通、深度融合，切实保障了矿井安全生产经营管理真正达到"高效、规范、统一"。

以"5G+"驱动力，构建"生态圈"。主煤流 AI 视频运输系统的成功应用，为固定岗位无人值守创建提供了生动实践；块煤、末煤重介分选智能集控系统实现了设备设施远程集控、一键启停，释放出信息基础平台、自动化控制平台、智能控制与决策平台"三位一体"、高效协同的强大合力；地面 100Gbps（10 万兆）及井下 50Gbps（5 万兆）工业环网携手云平台数字中心，共同推进井下 WiFi-6 网络全面覆盖，5G 网络覆盖综采工作面及配电室等关键区域，智能化矿山建设正朝着系统完备、科学规范、安全有序、运行高效的目标深入迈进。

在取得成绩的同时应当看到，机电智能化站室房建设还要进一步跟进；工业互联网、5G融合通信系统仍需加紧完善；主（副）立井提升机、瓦斯抽采泵、主通风机智能化技术应用存在差距，智能化建设不均衡、不充分、不全面的问题依然存在。

问题所指即是行动所向。越是困难时刻，越要坚定信心，越要迎难而上。要坚持问题导向，加快工业互联网、5G融合通信嵌入煤炭生产全过程各环节，创建全面感知、实时互联、分析决策、动态预测、协同控制的信息化数字化控制系统。同步提升矿井智能化采掘系统、运输系统、通风系统、洗选系统、安全保障系统应用效能，实现智能感知、智能控制、智能决策，最终达到"生产过程少人化、无人化""管理过程数字化、信息化"的目标。加快推进工业视频系统向AI智能方向转变，逐步形成"三违"整治、现场安全管理智能监控的崭新局面。持续优化海量数据算法，加紧完善智能数据模型，由数据事后处理变为提前自动预测、自动报警，为安全生产保驾护航。

四、提升知责于心、履责于行的责任感，加强机电设备安全管理，保障机电设备高效运行，充分发挥先进技术装备优势力量

"出煤不出煤，关键看设备。"这句在煤矿企业耳熟能详的顺口溜道出了机电管理的关键性和重要性。因此，要牢固树立"抓住机电就是煤"的管理理念，下大力气抓基层、打基础、练基本功，充分释放机电管理效能。

要在机电包机管理上实现更大提升。严格落实《华阳一矿机电设备挂牌包机管理规定》，聚焦地面变配电设备、大动力设备、洗选分

选设备、特种设备以及井下防爆电气设备和采掘主要生产设备，分别从出厂年限、运行状态、规章制度、操作规程、资料档案、检修维护、巡视检查入手，秉持"谁使用、谁管理、谁负责"的原则，全方位全过程开展安全风险辨识评估，运用四色安全风险空间布置图，科学高效管控安全风险，全面消除机电设备潜在的事故隐患，努力实现"系统零缺陷、设备零事故、质量零返工、作业零违章、电气零失爆、现场零隐患"的安全目标。

要在机电设备运维管理上取得更大进展。持续完善《华阳一矿机电设备检修维护管理制度》，坚持"八定"工作原则，即定计划、定人员、定地点、定方法、定标准、定记录、定流程、定周期；抓实抓细设备检修"三级"验收和责任倒查机制，坚决杜绝机电设备"带病"运行。定期开展采掘主要生产设备以及大动力设备"把脉会诊"，加强备品备件有效投入，坚持预防在先、发现在早、处置在小，避免"小隐患"酿成"大事故"。有序推进主（副）立井提升机、主通风机、瓦斯抽采泵等大动力设备定期巡检、试验、检测、检验、探伤工作，重点保障应急保护装置配置齐全、灵敏可靠，全力确保安全高效运行。

要在机电设备全生命周期管理上拿出更大力度。认真执行《华阳一矿机电设备全生命周期管理规定》，一体推进"六抓六保"综合管理，即狠抓设备准入管理、设备台账管理、设备现场管理、设备检修管理、备品备件管理、淘汰报废管理；着力保障机电设备准入标准合格、台账资料完整、安全高效运行、检修维护规范、组织供应到位、淘汰更新及时，努力实现机电设备完好率保持在95%以上、机电设备待修率降至3%以下、机电设备事故率控制在0.5%以内、防爆电气设备合格率达到100%的目标。

要在"一优三减"实施上做出更大努力。加快推进华阳西

110kV 变电站输变电工程，确保馈出一矿红简沟、吴家掌、阳坡堰 3 座 35kV 变电站负荷顺利转接至华阳西 110kV 变电站。同时，有序开展一矿阎家庄 35kV 供电工程及华阳西至阎家庄 35kV 线路建设工程，在精简供电级数的同时实现矿区电网双源互备供电，彻底解决电网架构单一的突出问题。

五、扛牢科技强企、人才兴企的使命感，加大技术创新力度，厚植人才成长沃土，培育壮大高质量专业化机电人才队伍

功以才成、业由才广。2023 年 10 月 25 日，习近平总书记在同中华全国总工会新一届领导班子谈话时强调，要围绕深入实施科教兴国战略、人才强国战略、创新驱动发展战略，深化产业工人队伍建设改革，加快建设一支知识型、技能型、创新型产业工人大军，培养造就更多大国工匠和高技能人才。习近平总书记提出的这一要求，为国有企业加快培养更多高技能型人才指明了行动方向。

新形势下，培育专业化机电人才队伍是推动煤炭企业高质量发展的重要保障，也是推进现代化矿井建设的迫切需要。近年来，华阳一矿机电系统以智能化矿山建设为契机，立足打造高精尖人才队伍的目标，创新人才培育模式，优化人才使用管理机制，相继涌现出一批以姚武江、李杰、杨清为代表的国家级、行业级领军人才。同时，也暴露出在现场抢修采掘生产设备故障上技能不强、在自主攻克智能化技术装备应用瓶颈上能力不足、在解决企业极度紧缺工种上发挥的作用不够明显等问题。综上所述，我认为应当从以下三个方面加强改进。

聚焦重点领域，开展技术攻关，着力在"精"字上下功夫。依托职工检修实操培训基地和职工技能创新工作室的平台优势，紧扣采

煤机、掘进机、掘锚一体机等采掘主要生产设备规范操作、检修维护、故障抢修，采用"理论＋实操＋创新"教学模式配合专业理论进阶考试，开展专项技能培训，填平补齐生产设备现场故障抢修的技术短板。

深化学用结合，注重培训实效，着力在"新"字上下功夫。以纵深推进智能化矿山建设为切入点，组织开展新技术新装备实操教学研究工作，联合设备厂商从智能化成套采掘技术设备、5G 融合通信系统、万兆工业互联网以及网络安全系统的前期设计出发，从设备安装调试出发，从日常管理维护出发，从设备故障抢修出发，畅通智能化技术装备全流程各环节培训渠道，增强智能化技术装备运行维护与现场管理能力。

坚持争先创优，促进技能提升，着力在"实"字上下功夫。围绕采掘电钳工、井下维修电工等 11 项机电工种，扎实开展职工"岗位大练兵、技能大比武、素质大提升"活动，突出理论学习与实操演练并重原则，坚持"日日学、周周练、月月比"，实施"以考促学、以学促进"，努力营造"比学赶超，争先创优"的浓厚氛围，形成"人人渴望成才、人人皆可成才、人人尽展其才"的生动局面，奠定"人才兴企、人才强企"的坚实基础。

道阻且长，行则将至；行而不辍，未来可期。今后，我将立足岗位以久久为功的韧劲、善作善成的干劲、只争朝夕的拼劲，用忠诚干净担当书写华阳一矿全面打造精品标杆矿井、全方位推动高质量发展的时代答卷。

（作者为一矿副矿长）

为一矿高质量发展提供法务保障

李大卫

古人说："欲知平直，则必准绳；预知方圆，则必规矩。"凡事都要有规矩，都要有标准，作为矿法审风控部一员，更要以严格的标准、严格的制度、规范的流程严格把关、履职尽责、服务基层，为维护我矿健康有序的经营管理秩序提供坚实保障。结合矿党委开展"爱党、爱国、爱企、爱岗"主题活动，我认真学习了《干好工作18法》一文，受益匪浅。

一、真抓实干，以党建工作引领业务工作深入开展

长计划，有安排，立即做，我认为其中最重要的是立即做，只有立即做，立即行动，才能把工作落在实处。在党建工作中，一些规定动作已然成为常态，就是这些常态化的工作我们要立即做，而且在做时要发现亮点，提高效率，善于总结。比如，学习贯彻习近平新时代中国特色社会主义思想主题教育开展以来，我部按照矿党委要求，积极组织党员开展理论中心组学习、专题党课、微党课等活动，积极完成主题教育验收相关资料；支部党员加强文件、会议精神学习，运用理论指导实践的能力稳步提升；部门员工思想认识得到提升，矿属各单位合规管理员业务能力有所提升，以学促干氛围浓厚。同

时，我部积极推进矿党委与法院"共建、联建"工作，以"党建赋能强根基，共促发展新格局"为主题，建立院企协作沟通机制，通过送法入企、院企协作、诉调解纷等业务工作，以及联组共学、党建资源共享等党建内容，联合打造优质高效的法治化营商环境，促进企业健康有序发展。

二、夯实基础，内审、法务体系建设取得新进展

"学习工作化，工作学习化"就是要在学中干、在干中学，两手抓、两不误、两促进。我部虽然成立时间较短，但审计监督触角已向基层队组延伸，开展了队级干部、重点领域专项审计，内审工作机制逐步形成；法务工作专人负责、专人承办，法律审核、案件管理、外聘律师等工作分类制定管理标准，使各类业务工作的开展有章可循，这些工作都是边干边学边进步边完善。此外，我们还组织了专业知识学习，比如，我们充分利用法院送法入企这一重要资源，组织基层合规管理相关工作人员百余人次参加了法治宣讲活动，分别学习了《企业合规体系建设》《劳动争议纠纷问题》《民法典中的婚姻家庭》，使我矿业务人员的水平在更高平台上实现了专业认知的有效贯通。

在法务方面，我们向专业律师学，向法官学，同时，充分发挥外聘律师和法务人员各自优势，提升案件处理效率，由外聘律师处理部分案情复杂的案件，发挥外聘律师在专业能力、沟通协调、工作经验等方面的优势，强化法律纠纷案件的处置力度，提高案件的处理效率；由法务人员处理我矿的一般案件，充分发挥内部法务更加熟悉我矿情况的优势，在保证案件胜诉率的同时节约外聘律师费用。

三、履职尽责，法务管理及时有效防控风险

作为法务工作者，想问题、做事情要尽可能合情合理，面对上访或者有诉求的职工，我们会设身处地为每一个职工着想，只要是合理合法的诉求，我们会依法依规给予帮助，解决困难。近期因企业划转遗留问题引起劳动争议，我部经过认真分析研讨案情，积极组织人力资源部、晋能控股集团相关人员与当事人开展深入沟通交流，最终促成和解撤案，妥善化解纠纷，最大限度地依法维护职工利益和保护企业合法权益。只要是职工的合法利益受损，我们会以合理合法的方式帮助职工挽回损失，提前化解矛盾，同时，对于不合理的诉求，我们更要维护企业的合法权利，在情理难兼顾的情况下，必须坚持原则、守住底线。

▲ 普法宣传到井口

四、统筹推进，合规建设迈出新步伐

工作只有在研究的状态下才能创新，俗话说干工作要每天琢磨，才能在面临新问题时有点子、有办法，才能提升自己处理事情的能力，工作上才能有亮点。我矿合规体系初步构建，目前已建立合规管理制度体系，完善合规管理组织架构，明确合规管理责任。我部根据矿区法院的相关文件，结合我矿实际组织编写《企业合规风险防范手册》，并在全矿范围内开展学习活动，共发放学习手册713本。各部门从规范行为和防范风险入手，逐项逐条进行详细解读，1300余人参与学习，通过此次学习活动进一步加强了我矿人员的风险防范意识，有效强化了重点岗位人员合规履职的思想理念。

2023年8月，矿区法院在我矿建立"绿色矿山司法护航站"，该站点是阳泉市矿区法院在立足辖区环境保护司法需求的基础上，以国家级"绿色矿山"为首家站点，搭建起的集司法保护、环境修复、法治教育、生态理念宣传于一体的环境保护平台。其工作主要通过开展巡回审判、加强法治宣传等形式为矿山贡献司法智慧和保障。"绿色矿山司法护航站"的启动成为我矿新模式、新亮点，达到双向互促、共同提升的良好效果。

（作者为一矿法审风控部部长）

发挥督查督办职能
促进决策部署高质量落实

翟晓强

习近平总书记始终高度重视督查工作。他强调，在一定意义上说，没有督查就没有落实，没有督查就没有深化；对党中央作出的决策、部署的工作、定下的事情，要雷厉风行、紧抓快办，案无积卷、事不过夜，要扭住不放、一抓到底。

认真学习领会习近平总书记关于督查工作的重要论述，结合华阳集团正在开展的"爱党、爱国、爱企、爱岗"教育活动，我深刻认识到，办公室作为党政领导下的综合性职能机构，是承上启下、协调左右、联系内外的桥梁和纽带，既要当好逢山开道、遇水架桥的"先遣队"，又要当好确保重要决策部署落到实处的"督战队"；督查督办是办公室的重要职责，是办公室服务党政领导决策、服务全矿工作大局的重要抓手；运用先进工作理念、方法，改进、加强督查督办工作是进一步强化执行力建设，提高工作质量和效率的重要任务。通过研读《干好工作18法》《善待你所在的单位》《什么叫工作到位》三篇文章，联系工作实际，从工作方法、工作态度、工作标准的维度，我对如何做好督查督办工作有了进一步的体会和认识——做好督查督办工作，不仅要做懂政策的"百事通"，还得有发现问题的"火眼金睛"，有敢于较真碰硬的"包公脸"，有连续战斗的"金刚身"。

一、做好督查督办工作要树牢三个导向

一是坚持目标导向。督查督办工作必须找准切入点、抓住关键点，集中力量加大推进力度，全力推动上级部署和矿党政要求落到实处、收到实效。突出全方位推动高质量发展主线，始终树牢"安全是管出来的"理念，坚持"明责、认责、督责、考责、问责"，落实13710工作要求，围绕提升安全管控水平、单产单进水平、经营管理效益、党建工作质量、职工生活水平，持续开展系列督查、重点督查、专项督查，坚决做到大事办好、急事办妥、难事办成。

二是坚持实践导向。围绕推动上级和矿党政决策部署贯彻落实，大力推行"带着线索去、跟着问题走、盯着问题改"线索核查法，"四不两直"暗访工作法，既善于抽丝剥茧、找准病灶、明确主攻方向，又发扬钉钉子精神，督查督办、问责追责，一个难题一个难题去解决，

▲ 开展专项督查督办

一项决策一项决策去落实。

三是坚持问题导向。在督查督办工作中，聚焦发现问题、督查问题、解决问题三个环节，针对个别单位、部门对督查督办的重要性认识不足，对上级督办问题不能认真、及时落实，或仓促安排、应付了事、效果不佳等问题，实行"列单、交单、办单、清单"，推动发现问题逐项整改到位、销号清零，真正做到问题不解决不放手，整改不到位不交账。

二、做好督查督办工作要坚持三个原则

一是严肃工作作风。坚决克服主观主义、官僚主义和形式主义，坚决制止弄虚作假和做表面文章现象，把力量用在督查决策部署以后的具体实施上，把功夫下在督查督办的问题和落实情况是否让职工群众满意上。

二是坚持斗争精神。做好督查督办工作要持续发扬斗争精神，敢于碰硬，敢于拔钉子，敢于一查到底。对重要决策部署和领导交办的重要事项，要紧抓不放，跟踪问效，尤其要敢于在难点、热点和领导、职工群众关注的焦点上加大督查督办力度，在落实上下真功、动真格。

三是坚持为民情怀。坚持将推动落实为职工办实事作为学习贯彻习近平新时代中国特色社会主义思想的重要抓手，坚持将职工网上诉求督办落实作为践行群众路线的重要渠道，着力解决职工群众急难愁盼问题，不断提升职工群众的获得感、幸福感、安全感。

三、做好督查督办工作要强化三个到位

一是思想认识到位，解决好督查督办工作认识问题。要通过多种途径不断强化督查工作权威，加强执行力建设，把科学决策和督查督办工作摆在重要的位置，狠抓落实，进一步提高各部门、各单位对督查督办工作的认识，为督查督办工作的有效开展奠定思想基础。

二是组织领导到位，解决好督查督办工作层次问题。明确办公室是督查督办工作主体和管理部门，负责对督查督办工作进行组织、协调和指导；各承办部门、单位负责人是承办事项第一责任人，必须亲自抓好任务落实。

三是措施落实到位，解决好督查督办工作落实问题。要通过组织协调、情况通报、考核公示等措施，不断加强督查督办工作。

四、做好督查督办工作要突出三个重点

一是重点抓好上级部门重要决策部署的落实。要把国家、省、行业、集团公司重大方针政策的贯彻执行作为工作重点，督促落实安全生产、成本管控、效率提升等政策。矿办公室全程跟踪，及时通报事项进展情况，研究协调存在的问题，全力抓好协调服务和督促推进。

二是重点抓好全矿中心工作的督查督办。围绕全矿年度工作计划要点和党委会、矿长安全办公会等会议的决策以及矿党政领导的重点安排，强力督办、推动落实，尤其要把强化安全生产"十真"管理、安全文化建设、推进高产高进、提质增效、加强干部作风纪律建设、为职工办实事等重点任务作为督查督办工作的重中之重。对这些督查督办项目的处理，做到反应迅速、协调有力、落实到位、反馈及时。

重要事项深入一线、直面问题，逐一排查办理结果，确保领导决策贯彻到位。同时，定期对交办项目进行督办分析，及时发现问题，并结合实际提出建议，促进有效落实。

三是重点抓好热点、难点问题的督查督办。在督查督办工作中，要通过对一些全局性、关键性问题和发展过程中职工群众关心的热点、难点问题开展督查督办，及时发现和有效解决各单位、各部门在落实矿决策部署过程中存在的主要问题，从而达到突破重点工作、推进全局工作的效果。

五、做好督查督办工作要把握三个环节

一是创新督查督办形式。健全完善触及各个层面的督查督办管理系统网络平台，形成上下左右整体联系的督查督办工作网络体系，做到"事事有人抓，件件有回音"。通过督查督办网络平台，建立督查督办台账，及时公布督查督办事项、工作任务、完成时限，明确承办单位及其负责人。通过网上设定流程，系统自动运转，环环相扣，避免人为因素造成的错漏；促进承办部门之间增进沟通，及时了解工作进度，相互配合，保证整体工作的顺利推进，矿领导也可以通过平台随时掌握部门、单位所承办事项的工作进度，必要时可以进行指导、协调。充分发挥安监处、调度室、总工办各业务处室、专业部门以及党办、纪委、人力资源部的职能作用，广泛开展联合督查督办，形成"上下联动、齐抓共管，横向到边、纵向到底"的大督查格局。

二是完善督查督办程序。督查督办工作是一项严肃、细致的工作。为了保证工作顺利进行，提高工作效率，在工作中要讲究督查督办的艺术和方法，建立科学的工作程序。首先是立项。根据督查督办范围

和工作分工，明确承办单位、督办人、完成时限、工作任务等信息。其次是办理。承办单位根据督办事项，务实负责地完成督办任务；督办部门及时跟踪督查督办重点事项的落实情况，主动与承办单位沟通协调，积极促进督办事项按时完成。再次是办结。承办单位完成督查督办事项后，应及时反馈办理结果。在全部完成督办事项后，经承办单位主管领导签批完成意见后，报主要领导审定。最后是调整与终止。在落实过程中，承办单位因客观原因需要调整督查督办立项信息（如延长完成时限、调整任务或方案等）或终止督查督办事项时，应及时说明原因，经相关领导批准后，办理调整或终止。

三是健全督查督办制度。制度是规范管理、提高效率、约束行为的有效手段，建立一套科学、务实、高效的工作制度是做好督查督办工作的前提和条件。建立督查督办通报制度，及时通报各单位、部门贯彻落实矿党政重大决策部署情况，对落实情况好的进行总结推广，对工作不得力的督促整改。建立督查督办考核制度，把督查督办工作作为工作绩效评价的一项重要指标，实行更加严格的责任追究，对于上级和矿党政领导的重点督办事项，凡是因主观原因没有按要求完成或完成质量不符合要求的，除对责任单位和部门进行通报批评外，还要追究相关人员的责任。

（作者为一矿原办公室主任）

构建"四个全""四提升"工作机制
护航企业高质量安全发展

一、实施背景

近年来，在集团公司工会和矿党政的坚强领导和重视支持下，一矿工会认真学习贯彻习近平总书记关于安全生产的重要论述、关于工人阶级和工会工作的重要论述、山西考察调研的重要讲话重要指示精神，牢固树立"安全是管出来的"理念，坚持围绕中心，服务大局，充分发挥参与、建设、教育、维护四项职能，把夯实安全生产群众基础作为深化产业工人队伍建设改革的一项重要任务，致力做实做优服务企业安全生产的各项工作，在构建"四个全""四提升"工作机制上积极探索，全力以赴为企业安全生产和高质量发展保驾护航。

二、主要做法

（一）**"全方位"安全教育，提升职工"我要安全"意识。** "众力并则万钧举，人心齐则泰山移。"一矿工会高度重视发挥宣传教育的先导作用，致力于通过安全宣教激发职工"我要安全"的强烈意识。紧密结合现代化矿井建设和新时代矿工实际，不断创新职工安全生产教育的内容、方法和载体，持续刷新"三项活动"的形式、品质和内涵，通过"有形有样""有声有色""有品有味"的"全方位"安全教育，让"安全是管出来的""主动抓安全，安全就主动"等安全理念、红线意识和底线思维厚植职工心中，构筑起了坚固的安全生产思想防线。

日常安全宣教活动推陈出新。坚持把安全教育融入职工喜闻乐见的各种文化活动中，用职工看得见的方式、听得懂的语言、触动人心的案例讲好"矿山安全故事"，让常态化的职工安全教育成为深受职工欢迎的"矿山文化家常菜"。组建安全宣教先锋队，利用道德讲堂、职工书屋、文化广场等平台阵地，通过快板、歌舞、事故案例宣讲等职工喜闻乐见的形式，每月开展安全宣教活动；我矿自助图书馆、调度室职工书屋先后被评为"全国工会职工书屋示范点"。举办安全生产有奖知识问答、安全科普知识竞赛、自救器盲戴比武、安全小品大赛、主题书画展、安全生产月等活动，普及安全知识，培育安全文化。在自办杂志《工会之声》中开辟"安全之眼"和"安全大家谈"专栏，对安全生产标准化先进队组进行推介展示；制作安全宣教视频上传抖音、快手，使安全宣教更具感染力和吸引力，营造了"关注安全、关爱生命"的良好氛围。

女工家属协管安全活动春风化雨。几十年来，活跃在矿山井口的女工家属协管安全志愿服务队一直是一矿十里煤海一道美丽动人的风景线，在安全生产中发挥了不可替代的作用。近年来，女工家属的安全协管活动紧跟企业高质量发展的部署举措，在内容上更加丰富、形式上更加多样、活动上更加密集。持续开展以"协管助安全、情系职工心"为主题的"六个一"活动，即安全协管、安全宣讲、安全座谈、"过五关"帮教、文明家庭创建和"井口亲情体验日"活动。形成女工家属协管安全工作法，即安全行为养成教育、"三违"帮教、"12·60"身心调试、"战三危""反三违"等安全工作法。把女工家属协管安全工作延伸到班组、区队和家庭，即在矿区上下努力营造协管安全亲情文化氛围，充分发挥以人为本、亲情呵护的特色，用亲情唤醒职工"我要安全"的强烈意愿，切实提高协管安全工作的实效，筑牢矿山安全第二道防线。

职工心理健康服务活动提档升级。一矿工会将"用心沟通""心理呵护"作为重要内容，致力打造职工安全教育的升级版。创建"职工心灵驿站"。把职工心理关爱服务提上工会工作重要日程。每季度编印《职工心理健康简报》，配备智能互联健康体检一体机，为职工身心健康保驾护航。推出职工心理健康服务。以"职工心灵驿站"为主阵地，针对安全不放心人员及职工在日常工作生活中产生的各种不良情绪和心理问题，聘请知名心理专家、学者每周定期到矿坐诊，开展团体讲座和一对一心理健康服务，为职工扫除心中"阴霾"，让职工以积极健康的状态投入安全生产。搭建线上"职工心理健康工作平台"。推出"职工心灵驿站"微信公众号，为职工答疑解惑，普及心理健康知识，成为职工信赖的"知心人"。

（二）"全周期"技能培训，提升职工"我会安全"能力。"操千曲而后晓声，观千剑而后识器。"一矿工会始终坚持"以培赋能"，把加强职工技能培训、提升正规操作能力，作为消除"人"的不安全因素、夯实安全生产基石的关键环节，聚焦一矿智能化矿井建设新要求，紧扣安全生产薄弱环节，立足一矿"工匠摇篮"资源优势，抓住劳动和技能竞赛、理论和实操培训、"五小"创新竞赛"三个抓手"，大力推行"全周期"职工技能培训，不断提升职工"我会安全"能力，推动素质兴安、技术保安、管理促安，为建设本质安全矿井提供强大助力。

以劳动和技能竞赛为抓手，引导职工提升职工安全技能。围绕全年生产任务目标，组织职工开展"三比三赛"，即"比安全，赛安全生产标准化水平；比作风，赛下井上岗天数；比干劲，赛指标业绩"；开展"安全是管出来的""不安全不生产、不达标不生产""无监管不作业、无监控不作业""主动抓安全、安全就主动"等安全大讨论活动，让安全理念入脑入心；持续推动"安康杯"竞赛扩面提质见效，不断创优安全发展环境。

以理论和实操培训为抓手，帮助职工夯实安全技术基础。坚持常态化开展安全知识"日日学、月月考"，重点推进"互联网＋安全"培训，确保人人合格、人人持证。按照"党政主导、系统牵头、职教协调、订单培训、依规考核、对标总结、提炼推广"的"七位一体"安全培训教育体系，利用矿实训基地、大师工作室和作业现场，开展井下重点工种实操培训。2021 年以来，一矿共组织开展了 27 个井下重点工种的实操培训，完成培训 4000 余人次，编印 14 期实操工作动态，发放实操口袋书 900 余本，为一矿本质安全矿山建设提供了强大的人才和素质支撑。

以"五小"创新竞赛为抓手，激发职工安全生产创新能力。聚焦解决制约安全生产的各种疑难杂症和棘手问题，深入开展"五小"创新竞赛，助力企业实现科技兴安。自"五小"创新竞赛开展以来，共征集创新项目 3000 余项，取得 15 项实用新型专利，产生经济效益 2.3 亿元；两项创新成果荣获国家级科技进步奖。坚持把职工（劳模、工匠）创新工作室作为创新人才"孵化器"，加大投入、重点扶持，先后建成国家级技能大师工作室 1 个，煤炭行业技能大师工作室 2 个，省级创新工作室 6 个，市级创新工作室 5 个，为职工技能提升、创新创造、成长成才提供了强大平台，也让职工的创新创造转化为企业安全发展的源源动力。

（三）"全过程"维权服务，提升职工"我能安全"动力。"内睦者家道昌，外睦者人事济。"一矿工会坚持把"促进企业发展、维护职工权益"具体化为优化工会维权服务、构建和谐劳动关系的一件件实事，在民主管理、企务公开、困难帮扶等"全过程"服务上下实功、出实招、见实效，不断增强职工的获得感、幸福感、安全感，让职工真正感受到"主人翁"的尊重，不断激发、保护、强化职工"我为企业安全发展做贡献""我能安全"的"主人翁"担当，为企业安全发展凝聚强大合力、注入强大动力。

群策群力"送建议"。一矿工会积极争取矿党政重视支持，建立健全职工民主管理的制度机制，组织职工为企业安全生产建言献策。建立安全生产、职业病防治联席会议制度并定期召开会议研究工作；开展安全生产好建议征集活动，每季度组织职工代表、党员干部、劳模标兵等不定期井下一线调研，查隐患、找问题、征集安全建议，每季度进行安全建议评比奖励。发挥职工代表安全巡视作用，对井下现场的作业环境、安全防护设施、劳动卫生条件巡察检查，并形成巡察报告上报分管领导，督导企业重视问题短板，加大安全投入，保障安全生产。

企务公开"送阳光"。坚持把深化企务公开作为维护职工合法权益、构建和谐劳动关系的重要制度机制，持之以恒"送阳光"，让职工看明白、被尊重、有保障，自觉把企业安全生产跟自身利益联系起来，当好维护矿井安全的"主人翁"。按照建设全省"清廉国企"要求，聚焦职工群众关心关注问题，优化企务公开内容，推行工资奖金听证会"四个四"工作法，实现了分配过程公正透明化、分配结果公平科学化、分配反馈公开民主化。不断拓展企务公开途径，形成 4 个规定动作加 1 个自选动作的"4+1"企务公开形式，进一步延伸企务公开民主管理；将企业安全生产、职业病防护、女职工特殊保护等纳入平等协商、签订集体合同内容，职工安全权益得到有力保障。

长效帮扶"送温暖"。金秋助学、职工医疗互助、冬送温暖、夏送清凉等惠民措施不间断；每年投入资金对文化广场、俱乐部、体育场馆进行维护整修，最大限度满足各类人群休闲娱乐运动需要；做实做优深受职工群众欢迎的党员便民家电维修站、义务理发、修补雨鞋等"我为群众办实事"服务项目；依托"一矿工会"APP，为职工提供网上入会转会、法律援助、就业服务、在线阅读、技能培训和日常生活优惠等在线服务，打造了方便快捷、务实高效的职工服务新通道，使职工安全感、幸福感、归属感持续提升。

（四）"全链条"群众监督，提升职工"安全从我做起"氛围。"积力之所举，则无不胜也；众智之所为，则无不成也。"一矿工会注重调动、发挥、保护职工参与企业安全管理的积极性，持续加强安全生产群众监督工作的机制建设和能力建设，不断夯实群监组织、完善运行机制、优化活动方式、提升工作绩效，以井口群众安全工作站作为"前沿阵地"，充分发挥群监网员"安全哨兵"作用，持续开展"安康杯"竞赛等群众性安全生产监督活动，构筑起"只认制度不认人"的"全链条"安全监督防线。

强化组织机构建设，夯实基础工作管理。一矿井口群众安全工作站下设群监网员 245 名，实现了"队队有组织，班班有网员"。群监网员严格执行"上岗挂牌、班中检查、班后汇报、跟踪落实"的工作程序，出台了《华阳一矿井口群众安全工作站岗位责任制》《华阳一矿群众监督员岗位责任制》等多项制度，督促群监网员落实职责，接受职工群众监督。成立了井口工作站领导组、信息组、协调组，保障日常工作的顺利开展。同时，将井口群众安全工作站与一矿一站式安全管理平台进行联网管理，使工区信息员能够通过上网查看，随时了解群监网员所查处事故隐患并及时掌握处理情况，实现了工作站、事故隐患单位、安监处的闭合管理。

强化事故隐患排查，创优安全生产环境。充分发挥井口群众安全工作站在安全生产中的监督检查作用，采取集体检查和分散监督相结合的机制，矿级群监委员会坚持每月一次、井区（车间）坚持每月两次集体检查活动，同时，将重点队组与普通队组以红牌、蓝牌进行区分，对重点队组加大检查次数和力度，对查出的问题责成事故隐患单位进行整改，对较大事故隐患交由安监部门进行处理。健全完善三级群监工作体系，并要求工作站安全信息员每月下井 2 次，加大对各类隐患现场排查和跟踪落实的力度。建立了网员谈话制度，要求井口安全信息员每天与 2 名群监员进行工作谈话，对其在工作过程中安全监督作用充分了解掌握，并建立有谈话记录档案，持续创优企业安全生产环境。

强化群监队伍建设，充分发挥安全监督作用。严格群监网员准入审批制度，坚持开展群众安全工作竞赛活动，将全矿群监网员分为井下、井上两个竞赛小组，竞赛实行月抽查、季考评，分别给予奖励，每半年对优秀群监网员、群监工作先进个人予以奖励，用"微奖励"激发"强动力"，打造能监督、会监督、敢监督的群监员队伍。

三、取得成效

通过构建"四个全""四提升"工作机制，安全文化、安全理念、红线意识和底线思维厚植职工心中，构筑起了坚固的安全生产思想防线，职工幸福感、安全感、归属感持续增进，凝聚起团结奋斗保安全、共建幸福矿山的强大合力。

成效之一：职工安全技能素养提档升级，正规操作能力显著提升，高技能人才、专业技术人才、劳模工匠如雨后春笋般不断涌现，特别是高技能人才由五年前的34%提升到41%。2023年，我矿刘世明被评为全国煤炭工业劳动模范，被授予省五一劳动奖章殊荣；杨清、李斌斌、齐英获阳泉市五一劳动奖章；王富洲获三晋技术能手称号；杨清、石秀峰、魏国帅3人被评为省级能源系统劳动模范；白建云1人被评为省煤炭增产保供先进个人；我矿综掘一队获得山西省工人先锋号荣誉称号；综掘二队一组获阳泉市工人先锋号荣誉称号；我矿获省能源系统先进单位、煤炭增产保供先进集体。

成效之二：技术比武、劳动竞赛、五小"创新"竞赛成绩不断刷新。近年来，在集团公司职工技术比武中，一矿连续包揽团体第一名，被集团公司授予职工技术技能竞赛优胜单位；同时，先后有12名选手在"国赛""省赛"中摘金夺银，成为享誉三晋的技术明星。2023年，我矿杨清、李斌斌分别获得"华阳杯"第十五届全国煤炭行业职业技能竞赛综采维修电工赛项金、银奖，为集团公司争了光，为我矿添了彩；我矿机电工区信息中心荣获全国煤炭行业矿山智能化建设劳动竞赛先进班组；我矿分别荣获2023年山西省和阳泉市"五小"创新大赛优胜单位称号。

成效之三：群众保安全工作再上新台阶。我矿被山西省总工会、山西省应急管理厅、山西省卫生健康委员会评为2021—2022年度"安康杯"竞赛活动"优胜单位"；2023年，我矿工会群众安全工作站被评为省"五星级"煤矿智慧井口群众安全工作站荣誉、华阳集团2023年度"安康杯"竞赛优胜单位、华阳集团2023年度"群监工作"

先进单位。

成效之四：女工协管安全工作取得新成效。2023年，矿工会女工家属协管安全委员会被集团公司授予"模范女工家属协管安全委员会"称号、"女工家属协管安全工作优胜单位"称号；被矿区妇联评为"巾帼服务发展先锋"集体。我矿工会女职委"文明家风浸润五型矿山"工作被省总工会女职委评为2023年"一委一品"工会女职工工作品牌。

回顾我们所做的工作，在看到成绩的同时，也有差距和不足：一是工会干部还未能经常性深入基层了解调研安全生产工作，了解职工群众的所思、所想、所盼，安全宣教针对性和效果还有待提升；二是群监工作站作用发挥还不够明显，群监员素质仍需提升；三是职工心理咨询室心理帮扶的覆盖面还不够广，针对性还不够强。针对以上问题，我们将补齐短板，迎头赶上。

大道至简，实干为要。在今后的工作中，我们将继续以党的二十大精神、中国工会十八大精神为指引，在上级工会、集团公司和一矿党政的坚强领导下，紧紧围绕全矿安全生产中心工作，严格落实工会参与、建设、教育、维护四项职能，全力做好"173561"工程，即，做好一项民生工程，用齐心、贴心、热心、暖心、诚心、真心、放心去做好各项业务工作，工会干部既要接地气，又要冒热气，更要有士气，有纪律，守规矩，大力开展"下基层，上楼层调研办实事"活动，树牢团结、大局、清廉、服务、维权、品牌六个意识，共同创建"一"字品牌工会之家，为一矿安全发展蓄势增力，为建设现代化精品标杆矿井贡献智慧与力量！

抢占"智"高点　绘就"煤"好未来

从昔日信息孤岛到通信畅通无阻，从传统机械生产到智能综合采掘，从人工巡查巡检到智能机器人"上岗"……走进国家首批智能化示范煤矿华阳集团一矿（以下简称一矿），这里与传统煤企有很大区别，不仅井下作业现场干净整洁，而且拥有"智慧大脑"，可以"智"慧采煤，处处都充满着科技感。

近年来，一矿坚定不移走高质量发展之路，大力推进智能化矿山建设，瞄准科技创新这个关键点落子布局，积极抢占"智"高点，全面提升了矿井安全管控水平，推动煤炭生产向减头减面减系统、提速提质提效能转变，绘就煤矿高质量发展新画卷。

一、打造"智慧大脑"　赋能企业治理

调度指挥中心内，数块高清屏幕上实时显示着井下作业地点的工作实况；接入瓦斯、水害、防灭火人员、双预控等监测系统，各类信息一览无余；采掘、机电、通风、选煤等关键生产环节，设备运行的各种数据不断显现……

乘着智能化矿山建设的东风，一矿积极引入人工智能、5G、大数据等技术，搭建智能化综合管控平台，把视频监控、网络通信、安全

风险防控等系统融入其中，打造颇具自身特色的煤矿安全生产"智慧大脑"，可实现全面感知、实时互联、动态预测、智能预警等多种功能，推动安全生产由"人控"到"智控"的革命性变革。

"我们按照'共享建网、移动接入、切片承载、边缘计算'的5G建网模式，科学合理布局矿井5G网络格局，建设了5G核心网（MEC+MEP）+5万兆工业主干环网，发挥大宽带低延时广连接技术优势，井下可同时支持2.6GHz和700MHz频段，畅通矿井信息数据'高速路'，提升网络的稳定性和安全性。"智能化办公室负责人高彦平介绍说。

一矿针对语音、视频、工业数据三大板块，不断加强矿井网络信息基础设施建设。在井下各大采区、配电室布置5G基站，实现了矿井上下5G信号全覆盖。建立融合通信系统，与应急广播通信系统、信息办公系统之间无缝对接，极大提升了矿山通信能力。部署61个虚拟化服务器，统一数据接口规范，采用存算分离技术，建立国产分布式私有云数据中心，涵盖灾害防治系统、网络安全防护系统、流媒体客户端、虹膜服务器、一站式信息化系统等项目，实现数据不丢失、应用不中断、业务不停顿。将采、掘、机、运、通等系统按专业划分，让系统数据"各行其道"，最终由"智慧大脑"实现对子系统的集中控制、监测预警分析、协同联动，避免了"信息孤岛"，为安全生产提供了科学的依据和有力的保障。

二、探索"智"慧开采　助力"一优三减"

在地面集控中心，一矿工作人员手指轻点远程控制启动按钮，在280米深的井下，151405工作面采煤机滚筒缓缓转动起来，各类设备运行井然有序，滚滚"乌金"源源不断地运往地面。如果把井下比作一座煤城，如今的这座煤城，有了智能化装置和技术的加持，"坐在地面采煤"已成为现实。

一矿坚持把"智能开采"作为重中之重，强化技术装备升级改造，完善视频监控系统，保证重点区域、重点环节、重点岗位全覆盖。创新智能化采掘应用场景，投用成套智能化采煤技术装备，为工作面的设备加装各类传感器，实时收集液压支架、采煤机、刮板输送机、转载机、破碎机、电气开关、泵站等设备的数据，并将其传输至地面集控中心，实现了设备的远程监测、自动化控制、故障监测等多项功能。现在，职工可坐在地面的"太空舱"智能集控中心，对工作面的各类设备进行"一键启停"和远程控制，大大降低了职工的劳动强度，改善了作业环境，"无人""少人"的煤炭开采模式走进了现实。

"智能化工作面不仅让生产更加高效，我们还可以通过手机智能矿山 APP、电脑网页端，实时掌握井下生产情况，现场发生变化时，可以及时介入，保证机电设备运行正常、职工正规循环操作，大大提高了现场变化管理水平，让隐患和'三违'难逃'法眼'。"调度室综采三队队长米有发介绍说。

截至 2024 年 3 月，一矿累计建成 6 个智能化采煤工作面、23 个智能化掘进工作面，包括 3 个高级智能化掘进工作面。智能化采煤工作面每班人数由 17 人减少至 15 人，智能化掘进工作面每班人数由 13 人减少为 11 人，工效同比增长 15%，真正实现了减人、提效、增安的目标。

三、点燃创新"引擎" 汇聚发展动能

在一矿井下，很多"急难险重"的工作都由机器人来承担。井筒安全智能巡检机器人、皮带智能巡检机器人全天候"上岗"，它们经过的每一处，调度中心的大屏幕都会实时显示设备的运行参数和巡检结果，进一步降低了职工的劳动强度，提升了系统运行效率。

对于煤矿而言，积极践行新发展理念，以科技创新积蓄发展动能，加快形成矿井高质量"新质生产力"，是高质量发展的必由之路。

一矿以智能化矿山建设为契机，强化技术创新能力，积极推广新设备、新工艺、新技术，广泛应用掘、支、运"三位一体"高效掘进技术，创建"岩巷快速盾构生产系统"和"智能化掘进机＋设备集中控制系统"作业模式，加大掘锚一体机、锚杆台车推广力度，引进2台岩巷盾构机，创造了日进最高51米的全国煤矿井下同类岩巷掘进纪录，形成特有的小断面TBM岩巷智能快速掘进工艺，打造智能化采掘"样板间"。在关键位置安设了AI视频，主要通风机、空压机、中央水泵房、变电所均建成远程集中控制系统，实现了无人值守。

抢占"智"高点，绘就"煤"好未来。一矿作为国家首批智能化示范煤矿，下一步将通过狠抓工艺装备革新、创新平台搭建和创新人才培养等工作，实现专业技术人才"核心圈"、技能大师工作室"匠心圈"、群众性"小切口圈"三圈联动创新创效，进一步点燃科技创新引擎。深入探索应用5G、大数据、AI等技术，全面推进现代科技与煤炭产业深度融合，让智能化为煤矿插上腾飞的翅膀，推动煤企迈入高端化、智能化的发展新路径。

加快发展新质生产力一线行：厉害了！咱的机器人"同事"之找茬"小黄人"

工作 30 分钟，能替代 3 名巡检人员工作 1 小时，与传统的人工检查相比，工作效率提高 5—6 倍，巡检精度可达 1 毫米，准确率达 99.99%，为企业节省 50%—70% 的人工成本。

红外热像仪——实时监测井筒内设备、设施及线缆、管路的温度。

高清摄像头——高速、清晰采集视频、图像信息，并进行信息分析，实现实时视频监控和智能分析。

同时，"小黄人"装设有湿度、瓦斯浓度等智能传感器，用于实时监测现场作业环境的安全状况。

"他"有一双"大眼睛"，可以 360 度旋转、180 度仰视，谨慎地侦察着周边环境，进行着数据采集、安全测评；

"他"有一张"嘴巴"，可以实现与集控后台的远程无线对讲，遇到故障时能及时发出声光报警，最大限度找出细微的安全隐患；

"他"有一套黄色的衣服，是一个外形酷似胶囊的黄色"小人"，因此被大家形象地称为"小黄人"。

"小黄人"看起来萌萌哒，却是高科技加持的智能体系应用端，这个小萌宠是矿井新一代的"劳动明星"。

3 月 20 日，我们来到一矿竖井井口房内，看到了安装在竖井罐笼顶部的"小黄人"——井筒安全智能巡检机器人。

井筒内,"小黄人"正跟随着罐笼上下运行,在技术人员的操作下,转动脖子、瞪着眼睛,时不时停下来认真巡检,对关键部位和可疑部件进行拍照采集、智能分析,判定它们的健康状态。而另一头,竖井绞车房内,技术人员正通过后端监控屏幕观看"小黄人"一路的"所见所闻",设备的运行情况尽在他们的掌握之中。

"'小黄人'可是绝对的'找茬'高手。"一矿机电工区动力队党支部书记杜欣对"小黄人"过目不忘、实时分析的"本领"赞不绝口,"'他'的两只'大眼睛'各有分工:'左眼'是高清摄像头,不仅能够高速、清晰地采集视频、图像信息,还会对采集到的信息进行分析,实现实时视频监控和智能分析;而'他'的'右眼'是红外热像仪,能对井筒内设备、设施及线缆、管路的温度进行实时监测"。不仅如此,"小黄人"还装设有湿度、瓦斯浓度等智能传感器,可实时监测现场作业环境的安全状况。

井筒作为矿井提升运输系统中的咽喉要道,其在煤矿安全生产领域的作用不言而喻,井筒内各类设备、设施的安全可靠更是保障矿井提升安全的重要因素。因此,对井筒及井筒内设备、设施的安全检查便成了井筒维护工们每天的"必修课"。但在井筒内作业不仅工作难度大,还有一定的安全风险。"由于井筒内环境特殊,光源完全依赖于矿灯,在现场测量数据时,需要多次测量来确保测量数据的准确性,我们一边干活还得一边注意周边的安全状况,心理压力很大。"井筒维护工梁献国深有体会地说,"尤其到了夏季,井筒内的淋头水还会把我们都浇成'落汤鸡'。"此外,传统的人工检查,不可避免地存在着盲区,有时难以提前预警。

于是,这个萌新"小黄人",便成为井筒巡检人员的新"同事"。

"新'同事'的到来，很好地解决了人工巡查劳动强度大、巡检耗时长、巡查难度大、巡查效率低、人工作业安全风险性高等问题。"杜欣说完，还给我们举了个例子：有一次，"小黄人"发现有颗固定罐道的螺丝帽出现了松动，便自动进行了截图、报警。维护人员根据报警显示的位置，及时进行处理，精准地消除了井筒内设备存在的安全隐患，确保矿井提升系统安全可靠。

"一台'小黄人'工作30分钟，能替代3名巡检人员工作1小时，与传统的人工检查相比，工作效率提高5—6倍，巡检精度可达1毫米，准确率达99.99%，为企业节省50%—70%的人工成本，既减少了人员，实现快速巡检，又确保了巡检人员的安全。"杜欣说。

一矿安装的井筒安全智能巡检机器人只是集团公司众多新"同事"中的一员。当下，加快发展新质生产力，不断塑造企业发展新动能新优势，成为企业转型升级的关键力量。而集团公司，正坚定不移走高端化、智能化、绿色化发展之路，促进智能化升级和数字化增效，为高质量发展打造新引擎。

一矿 29 天完成一综放面拆除

一季度以来，一矿坚持提高拆安标准，规范项目化管理，持续改进工艺、优化工序、强化管控，151214 综放工作面实现 29 天高质量拆除的目标。

一矿加强顶层设计，成立拆安工作小组，每周召开专题会议，持续推进对标挖潜和"一面一策"施工方案，明确各工作面的拆安工艺和工期，加强部门间协同联动，做到汇报及时、沟通及时、协调及时。同时，实行干部现场跟班制，对重点生产环节、重点区域、重点工序全程监管，及时解决现场施工中遇到的挡手问题。

在 151214 综放工作面拆除期间，一矿采用"拆架机械手""四个掩护架"支护工艺，缩短控顶长度，提高支护强度，减少落山批木垛数量，提高拆除效率。在进风巷口布置两台局部风机并热备，采用正压通风系统，减少留系统的批木垛工程。在进风通道未堵严情况下，拆除期间依然采用负压通风系统；如遇落山侧顶板垮落封堵通风系统，则立即启用正压通风系统，为高效拆安提供了坚实保障。优化拆安工序，推行平行作业，施工中进风巷拆除装载机、自移机尾、端头架等设备，在回风巷进行平行拆除作业。此外，在工作面末采时，及时调整工作面坡度，保证坡度不超 10 度，减小拉出支架时的阻力，实现支架快速撤出。

"煤田"到"绿海"的嬗变

提起矿山，人们的第一印象便是煤尘遍地、满目疮痍。而走进"全国绿色矿山"——华阳一矿，工业厂区、道路两旁的一排排绿植长势喜人，空气中夹杂着淡淡的花草香，十步一景、百步一园，鸟语花香、美丽宜居；登高远眺，曾经的黄土坡、矸石山已"焕然一新"，错落有致的梯田一望无垠、成片的草木泛着浓浓绿意……"灰头土脸"的矿山已经成为"过去式"，"煤田"嬗变"绿海"的画轴徐徐展开，勾勒出一幅满目翠绿、诗意盎然的崭新生态画卷。

连续蝉联 6 届"全国文明单位"、荣获"全国先进基层党组织""全国五一劳动奖状"、入选全国绿色矿山名录、成为国家首批智能化示范煤矿的华阳一矿，近年来，认真贯彻落实习近平生态文明思想和"绿水青山就是金山银山"的发展理念，坚持企业发展与生态保护并重，从规范管理、资源综合利用、技术创新、节能减排、环境保护、土地复垦等方面入手，积极助力推进绿色矿山建设，用心用情呵护碧水蓝天净土，不断满足人民日益增长的生态环境需要，倾力打造矿山建设的绿色"名片"，走出一条生态优先、绿色发展的新路子。

"调度指挥中心的大屏上，能够实时监测矿山生产、生活湿度、温度、$PM_{2.5}$ 等信息数据""皮带智能巡检机器人、竖井智能巡检机器人成为'新同事'，可代替工作人员进行快速巡检"……走进华阳一矿，智能装备比比皆是。他们坚持科技赋能，以智能化建设为契机，大力提高技术创新投入，通过引进人才、购置先进设备、推广新生产工艺等途径，越来越多的科技创新成果融入企业高质量发展全领域、全过程，有效提高生产效率、降低生产成本、深化节能减排。

作为绿色矿山建设的"排头兵"，华阳一矿紧密结合气候、地貌、水文、植被、土壤等自然地理要素格局，对治理区宜林则林，宜草则草，积极开展矸石山治理、厂区绿化工作，实现企业发展与环境治理同步发展。为主要设备安装局部密封罩、除尘筒，配置新型抑尘雾炮机等环保设施；物料密闭运输，出入车辆及时清洗，定时洒水降尘，实现了"空气清新、环境优美、生态健全"的发展格局。

此外，华阳一矿高度重视"企地携手、和谐共建"工作，积极参与社会公益事业，民生工程惠及千家万户，建立良好的企业和所在地关系，让矿山更具生态活力。与驻矿单位紧密联系，定期开展扶贫帮困、慈善捐助、"金秋助学"、无偿献血、义演义诊、环境保护、植绿护绿等各种"送温暖、献爱心"活动，保障了矿区周边居民的合法权益、环境安全与环境质量，进一步提升了百姓和职工的幸福指数。

一矿综掘二队：破解掘进提效"密码"

单进提升是煤矿高质量发展的重中之重。集团公司以"安全掘进、高效掘进、智能掘进"为导向，积极打造掘进面高效队组，逐步提升单进水平。一矿作为集团主力矿井，积极贯彻落实集团公司要求，树立大掘进理念，勇于实践、开拓创新，积极推广应用先进工艺，打造安全高进队组，推动企业高质量发展。以综掘二队为例，6月在动压巷道的影响下，完成286米的进尺，刷新了集团同类型巷道进尺新纪录；7至9月依次完成241米、191米、221米，月月超额完成生产任务，有力保障了矿井采掘接续。

优化工序，跑出"加速度"。当班所有岗位工抓紧与下一班所有岗位工交接，划压道点、交代注意事项，班组长王彦荣抓紧组织人员做好生产准备，捋顺工序，范志红他们撤出后立即开始打眼……在井下工作面现场，一矿综掘二队各班组职工按照惯例实行井下"手拉手"交接班，流畅顺利的交接班程序让班组职工迅速进入工作状态，为完成进尺任务赢得了充足时间。这只是他们加强安全高效队组建设、全面提升单进水平的一个缩影。

利用好每一分钟有效时间是取得成绩的关键。为了提高掘进效率，一矿综掘二队对全年2560米进尺计划任务进行了细化分配，并落实到各掘进头、各班组，在优化组织、提高工效上下功夫，严格执行煤头手拉手交接班制度。

机电设备的完好运行关系着掘进效率的提升。他们加大设备管理力度，实行包机制，明确机电人员职责范围，每10天对关键设备进行一次集中检修，摸清设备的完好状况和运行状态，做到提前检修、提前更换，生产期间不能出现突发性、被动性检修，为掘进头正常掘进提供保障，确保班产不低于4米，为超计划完成掘进任务提供设备保障。

正向激励，用好"指挥棒"。最近，一矿综掘二队班组长罗丽君获得一笔额外奖励，由于综掘二队9月在全矿攻坚克难掘进系统劳动竞赛中排名第一，每人获得奖励1000元。

用好考核这根"指挥棒"，让干事者有干劲。2023年以来，一矿围绕全年开掘进尺奋斗目标，加快推进衔接准备，在掘进系统开展攻坚克难劳动竞赛，要求体现到队组、分解到班组，每月评选出一个优胜队组和优胜班组，进一步激发干部职工干事创业热情。

为确保任务目标顺利完成，一矿综掘二队在三个生产班之间同样开展"比安全、比进尺"劳动竞赛，增强班组竞争力，重新修订了工资分配计算办法，制定了阶段性进尺激励政策，当班进尺达到4米，每增加1米进尺奖励班组1000分，班组月底完成下达的月度进尺任务，奖励班组每名职工300分。该队坚持以班保日、以日保周、以周保月，加大奖励力度，干部职工士气高涨，生产劲头强劲。同时，一矿综掘二队在用人管理、任务分工上做了大量工作。对掘进工进行合理搭配分工，让技术高的老师傅包保新进职工，干活快的带干活慢的，打破以往人员自由结合的模式，增加有效时间，避免工时浪费。有些职工对此有情绪，认为技术高的和干活快的会吃亏。队长惠遂卿耐心地做思想工作，并根据每班生产情况给予一定奖励，此举有效调动了班组职工积极性。

安全生产篇

坚持以系统观念组织好安全生产工作

时付军

党的二十大报告提出，"必须坚持系统观念"，"为前瞻性思考、全局性谋划、整体性推进党和国家各项事业提供科学思想方法"。坚持系统观念，是以习近平同志为核心的党中央自觉运用辩证唯物主义和历史唯物主义，从新的实际出发在思想和工作方法上作出的新概括、新提升。

一矿作为集团公司大矿、老矿，"人多面广"决定了我们拆安工程也比较多，在运输系统复杂、运输管控难度大等多方面制约下，如何系统地调配拆安工程节点、落实工程进度，保障矿井的正常衔接排布，一直以来都是我矿工作的重心所在。

坚持系统观念设计拆安工程，规避"走一步看一步"的错误思想。例如，在 15304 工作面铺网期间，8-45、85-92 架割底，同时 40-80 架处煤层薄，煤壁松散、破碎，顶板难以管控。针对如此复杂的地质条件，我们更改以往由准备队施工拉架巷的惯例，沿用对设备更加熟悉、素质过硬的综采五队施工。同时通过将以往压实两茬金属网就上柔性网的施工惯例改为金属网整体落地后再铺设柔性网的施工工艺，采取工作面全长注胶的方式对煤壁进行超前维护，保证了工作面顶板的完整性，为拉架巷锚索的正常施工打下了良好的基础。拉架巷施工期间，为保证施工锚索预紧力达标、施工质量可靠，在停架前又对工作面进行了一次全长注胶加固，同时通过增设 5.2m π 型梁的方式，保证了工作面挑梁接顶严实。同时，在工作面拆除期间，使用矿用液压框架式起吊装置（俗称"变形金刚"）来提高液压支架解体效率，高效拆安装备的使用，提高了安装效率、降低了施工人员的劳动强度，同时也为施工人员创造了安全施工条件。这些积极主动措施确保了 15304 工作面末采筑巷工程的高质量完成。

此次工作面筑拉架巷工程，从施工队伍的选择、具体措施的制订、新设备的使用、成本的投入等多方位规范运作，在煤壁松散破碎、煤体变薄、过构造等特殊条件下，通过制订翔实的班计划任务，以班保日，以日保月，加快了施工进度，整体提升了我矿末采工作的安全生产标准化建设水平。通过 40 天的不懈努力，顺利完成了特殊条件下的末采筑巷工程。

目前，我矿安全形势依然严峻复杂，"人多面广"的生产组织局面尚未发生根本改变，磕手碰脚事故尚未得到根本遏制，各类风险和事故隐患依然存在，归结起来还是安全发展不平衡不充分的矛盾。推动解决这些问题，必须坚持运用系统观念和系统方法，着力固根基、扬优势、补短板、强弱项，推动安全生产工作和谐稳定。一是要在智能化工作面建设上坚持系统观念。持续完善智能化工作面建设，大胆尝试智能化开采，打造"有人巡检 + 远程干预"的智能化综采开采模式。以实现综采工作面"常态化、少人化作业"为目标，以采煤机记忆截割、液压支架自动跟机为基础，以远程监控为核心，逐步实现作业过程无人员直接干预、远程控制、安全高效节能的智能化采煤。实施装备换人、技术换人、管理换人，将大量井下工人从繁重的体力劳动、危险恶劣的工作场所中解放出来，实现"少人

▲ 智能化综采工作面设备集控中心

则安、无人则安"的目标。二是要在精准研判安全风险隐患上坚持系统观念。工作面现场环境千变万化，生产系统复杂，哪个环节出问题，都可能发生伤人事故。必须坚持抓大系统、防大风险、除大隐患、遏大事故，既要治标，更要治本；既要抓生产技术管理"大循环"，也要抓现场管理"微循环"；既要防"黑天鹅"，也要防"灰犀牛"；既要有防范风险的"先手"，也要有化险为夷、转危为机的"高招"，真正把问题隐患解决在萌芽之时、成灾之前，坚决守住不发生系统性安全风险和重特大事故的底线。三是要在落实岗位安全责任上坚持系统观念。要时刻拧紧纵向各层级、横向各系统的责任链条，确保各项工作落到实处细处关键处。要清晰界定岗位间的职责权限，建立分类明确、层级清晰的岗位体系，从而对标对表抓好执行落实，避免推诿扯皮。要按照"有职必有责、有责必尽责"原则，认真对照岗位职责要求，强化责任落实，提高工作质量和效率，杜绝奖惩不明、压力不足现象。要建立考核问责机制，盯住不落实的事，督查不落实的人，找出不落实的原因，追究不落实的责任，通过问责倒逼强化责任落实，从而建立全过程管理、自我约束、持续改进的内生机制。四是要在突破创新上坚持系统观念。不断创新思路方式方法，通过一段时期的实施检验运行效果，进而固化为可借鉴的典型做法。如华阳一矿当前推行的特色安全文化建设，通过强力推行"上岗三宣誓""上下井排队举旗""手指口述作业法"等方式，潜移默化地培育职工团队意识、规矩意识、标准化意识，以有形的活动载体促进无形的安全意识养成。

▲ 岗前"三宣誓"

安全生产牵一发而动全身。我们需要更加自觉地运用"坚持系统观念"这个基础性的思想和工作方法，站位全局谋安全，统筹兼顾抓安全，扬长补短促安全，以高度的责任感和使命感，真正把安全生产工作时时放在心上、事事落到行动上。

（作者为一矿副矿长）

牢固树立安全发展理念　坚决筑牢安全生产防线

王　姣

党的二十大报告首次把国家安全作为独立部分，围绕"推进国家安全体系和能力现代化，坚决维护国家安全和社会稳定"这一主题作了系统阐述，这对于全社会增强安全发展理念，维护国家安全发展具有重要指导意义。

安全发展理念是建立在对安全和发展辩证关系正确认识基础上的科学理念。这一理念的核心内涵主张发展必须建立在安全的基础之上，坚持只有确保安全第一，才能获得更好发展，发展过程中如果因不安全导致事故，就不如不发展。

一、把方向、出实招，增强"推动力"

务实是工作时能够注重一切从实际出发，说实话、办实事、想实招、求实效；务虚则是在工作开始之前，从理论上、思想上、政治上、政策上进行思考研究，以求统一思想、凝聚共识。两者可谓是并蒂之花，相辅相成、缺一不可。尤其是在面对多元灾害耦合叠加、地质条件错综复杂的双重挑战下，一方面认真落实集团公司"8+3"瓦斯治理模式，超前谋划，合理优化瓦斯灾害治理方案及施工组织，为瓦斯灾害治理提供时间和空间保障；另一方面需要我们

▲ 精准测量瓦斯浓度

发扬"说实话、办实事、出实招、求实效"的精神，切实增强统筹协调能力和系统抓落实的水平，切实把推动阶段性重点工作与实现全年目标紧密相连，以"咬定目标不放松"的韧劲、"不获全胜不收兵"的拼劲、"排除困难加油干"的干劲，推动瓦斯灾害治理工作超前、有序进行。

二、强责任、抓落实，增强"执行力"

一分布置，九分落实。无论"一通三防和地测防治水"专业日常检查、"一矿一策、一面一策"现场办公会，还是"一通三防"暨抽采工作例会，都为我们下一步工作作了谋划和部署，这些谋划和部署要有效转化为实际行动，转化为矿井发展的成果，关键在于狠抓落实。一是主动作为想落实。找准找实工作的难点、堵点、痛点，对各项工作再研判、再部署、再落实，提高落实的针对性。二是勇于担当敢落实。敢于直面矛盾，敢于动真碰硬，做到困难面前敢上、矛盾面前敢管、风险面前敢闯。三是提高效率会落实。抓住主要矛盾和矛盾的主要方面，把工作着力点放在抓重点工作和主要工作的落实上，进一步提高落实效率。

一矿一策、一面一策

井工煤矿根据矿井中长期规划及年度采掘接替计划，超前制定水平、采区、采掘工作面的瓦斯综合治理方案，统筹全年各区域瓦斯治理方法、时间、进度安排，为瓦斯治理及采掘接续提供有力保障。

三、抓重点、补短板，增强"战斗力"

近年来，随着国家发展改革委《关于加快煤矿智能化发展的指导意见》出台，智能矿井建设趋势愈加明显，而矿井通风是防治瓦斯、火灾、粉尘等灾害的最有效、最经济、最直接的手段，因此"一通三防"智能化建设对于煤炭智能开采至关重要。目前，矿井"一通三防"智能化建设仍然处于"初级阶段"，尚未有效实现信息集成共享、故障智能诊断、灾害智能预警及通风、抽采、防尘、防灭火等专业融合联立保障能力，需要我们在统筹考虑全局工作中抓住重点、补齐短板，在矿井通风系统高效精准、智能调控的基础之上，进一步夯实矿井防灾、抗灾、治灾能力，充分发挥智能化减人提效作用，努力使矿井"一通三防"各系统智能化建设内容及标准达到智能化煤矿评价指标，为矿井实现质效"双提升"和长治久安做出更大贡献。

▲ 井下防火检查

四、"想到位"，精心组织、统筹谋划

常言道，"凡谋之道，周密为宝"，站得高才能看得远，想得全才能谋得深。"想到位"是一个不断积累、长久探索的过程，我们应该切实以学习催生思考，以思考引领学习，只有在学习思考中实现精心设想、统筹规划，才能提出体现时代性、把握规律性、富有创造性的独到见解，才能推动各项工作有序进行。无论是推动区域瓦斯超前治理，做到防治瓦斯、防灭火、防尘各项灾害治理工程统筹协调、兼而顾之，还是推进"一通三防"智能化建设目标如期达成，实现"达标创建、标杆引领"，都需要我们精心组织、超前谋划，以灾害治理为前提，以灾害治理工程质效为中心，以科技创新为动力，掌握主动，

抢抓机遇、乘势而上，更好地推动"一通三防"各项工作扎实开展。

五、"身到位"，深入现场、亲力亲为

朱熹曾说过，"知之愈明，则行之愈笃，行之愈笃；则知之益明"。煤矿安全生产，现场管理是关键，而实干是管理好现场的基础，需要我们"身到位"、干实事，在"实"字上做足文章、在"干"字上下足功夫，在自身岗位上当好矿井高质量发展的"践行者"和"劳动者"，充分发扬冲劲带头干、保持韧劲坚持干、激发拼劲齐心干的精神。开弓没有回头箭，面对下半年各项任务目标，需要我们拿出干事创业的激情和冲劲，自觉扛起矿井"一通三防"不断超越、不断创新的大旗，带头担当作为、带头担当实干、带头攻坚克难，不说大话、不喊口号、不做口头文章、不搞"泡沫"工程，沉一线，盯现场，以坚毅的信心和勇气解决实际问题。

六、"抓到位"，一抓到底、不做虚功

工作要干好，关键在落实。目前，生产一线队组的防尘工作效果不好、标准不高、要求不严，主要原因还是落实力度不够大，没有一抓到底的恒心和立行立改、力求实效的决心，只有凝心聚力，标定"中心思想"，划清"段落主旨"，明确"任务重点"，抓住各项工作的"牛鼻子"，把准方向，以精益求精的态度，抓好牵连大事的"小事"和关系全局的"细节"，把小事当成大事来干、小节当作大节来抓，抓住主要矛盾的核心，抓住问题核心的突出环节，才能将各项工作一抓到底和逐个落实。

（作者为一矿总工程师）

"三强化三提升"筑牢矿山安全屏障

杨海燕

习近平总书记指出，安全生产事关人民福祉，事关经济社会发展大局。对于煤矿企业而言，安全是最大的政治、最大的效益、最大的幸福，做好安全工作是一切工作的前提和底线。煤矿高质量发展之路上面临着新形势新任务新挑战，实现安全前提下的高质量发展是一项时代命题，要求企业必须在安全上下足"绣花"功夫、做好"精细"文章，统筹好发展和安全，提高底线思维能力，增强忧患意识，持续做到"三强化三提升"，牢牢把握安全工作的主动权，让人民群众幸福感更深、获得感更足、安全感更强。

一、强化思想教育，提升安全意识

思想是行动的总开关，企业要把职工思想教育放在首位，以高度的责任感抓好安全生产工作，将"安全第一"的理念落到实处，以安全思想强化安全行为。

（一）坚持在思想上真重视。完善安全学习制度，定期深入开展安全专题学习，综合运用中心组学习、"三会一课"、"二五"安全活动等载体，重点学习习近平总书记关于安全生产重要论述和重要指示批示精神以及安全生产法等有关法律法规，并认真开展交流研讨，深入反思安全工作存在的不足和改进措施，形成做好安全工作的思想共识、责任共识和制度共识，更好地落实安全责任，主动担当作为。同时，结合企业实际，找准安全宣传教育与安全生产的结合点、契合点，不断创优安全宣教活动，以"二五"活动、案例教育、"三违"帮教、身心调适、亲情教育等为抓手，广泛开展安全文化活动，拓展引深安全宣传教育的内涵与外延，让"安全第一"成为所有人的共识。

（二）坚持在事故教训上真吸取。 事故教训是惨痛的，也是一面镜子。强化案例警示教育，深刻吸取各类典型事故教训，充分利用事故案例牌板展，用直观的现场照片和翔实的事故经过教育职工遵章守纪；用好"二五"安全活动、班前班后会等时间，集中反复观看《黑色三分钟、生死一瞬间》等事故警示教育片，使职工看明白、想明白、干明白；以"三违"人员、因伤致残职工和有涉险经历的职工为主体，开展涉险经历讲述，通过现身说法讲述自己的危险经历，用真实的案例、熟悉的场景，警示职工敬畏生命。企业还要剖析事故案例背后的教训，深层次挖掘原因和根源性问题，对每一起隐患事故、工伤事故、生产事故要组织分析研判，通过分析一起事故，整改一系列问题，完善一系列制度，坚决堵塞管理漏洞，杜绝零打碎敲事故发生。

（三）坚持在安全文化上真引领。 持续加强安全文化理念渗透，在车间厂房、井口长廊、各类会议室、厂区道路、通勤班车、矿交车辆等场所地点悬挂张贴安全理念、口号标语，制作安全牌板、安全动漫等，突出政治性、思想性、群众性、实效性，准确展现企业安全理念，营造浓厚安全氛围。依托安全文化墙、文化广场、宣传长廊等平台载体，利用新闻、报纸、电视、微信公众号等媒体平台，多渠道宣传安全理念，建塑和弘扬安全文化，建立安全、可靠、和谐的安全生产运行体系，进一步激发职工安全生产的意识，实现由他律到自律。

▲ 举办安全知识竞赛活动

二、强化现场管理，提升安全水平

牢固树立"安全是管出来的"理念，以"最严标准、最细责任、最大范围"抓现场管理，有效防范和遏制安全生产事故发生，牢牢守护矿山安全。

（一）坚决健全完善安全管理机制。千里之堤溃于蚁穴，事故是偶然中的必然，生产中任何一个环节出现差错，都可能造成难以估量的损失。坚决落实"不安全不生产"，推行班前会安全保障预想、作业前现场安全评估、作业中现场安全监管、作业后安全效果检验、月度安全奖惩兑现的"一体化"安全管控制度，全方位、全过程辨识评估生产环节的短板漏洞，确保各类风险发现早、控得牢、管到位。坚持"无监管不作业"，全面落实全员安全生产责任制，通过领导全天候带班、安全小分队动态化督查、安监员专责制盯防，实现全区域安全监管。狠抓生产作业"人、机、料、法、环"的变化管理，发挥跟班队干、班组长"两个关键人"的前沿指挥官作用，有效利用视频监控系统进行"三违"查处，最大限度地做到现场管理"零缺陷、零漏洞、零盲区"。

（二）坚决推进标准化达标升级。 良好的作业环境能有效预防事故，更能让职工带着"好心情"去工作，有效消除人的不安全因素。企业要坚持外部对标与内部对标"双推进"，将安全生产标准渗透到生产工艺、设备设施、作业环境、人员行为各个方面，以动态达标、工程质量、文明生产为重点，高质量开展达标竞赛活动，通过立典型、树标杆，以点带面，奖优罚劣，做到不安全不生产、不达标不生产。强化安全生产标准化动态验收管理考核，按照"班评估、旬验收、月评比"管理体系，以安全品牌创建活动为载体，将标准化工作与每位职工的工资奖金挂钩，并严格考核兑现，确保现场管理有突破、优势专业有巩固、领先项目有创新，推动安全生产标准化水平持续提升，全方位改善职工的作业环境。

▲ 持续强化安全生产标准化建设

（三）坚决完善安全管理"大超前"机制。事故是可以预防的。定期开展全方位风险辨识评估，狠抓采掘、工艺、设备设施的变化管理，做到安全工作超前部署、安全风险超前管控、重大事故超前预防，不断提升安全保障能力。用好党员先锋示范岗、群监网、青监岗等有效载体，发挥党政工团齐抓共管优势，做到发现问题在现场、解决问题在现场，补齐安全短板，消除安全隐患。把"手指口述"和现场确认相结合，实行岗位作业流程标准化与职工绩效工资挂钩考核制，增强岗位风险预控意识，规范职工操作行为，防范安全事故发生。

三、强化素质建设，提升安全保障

个人作风能力关乎发展全局，必须以作风转变促进担当实干，以能力提升赋能安全生产，沉着应对各种风险挑战，方能助推安全生产各项工作取得新成效、新提升、新突破。

（一）持续抓好安全培训。安全行为提升，可以避免 99% 的事故。企业要坚持"干什么、学什么""缺什么、补什么""管什么、懂什么"的原则，精准把握不同层级、岗位职工的培训需求，优化培训课程设计，改进传统讲授式教学，探索运用访谈教学、论坛教学、行动教学等方法，打造"课堂 + 现场"研讨式、体验式、案例式教学。运用互联网、大数据、人工智能等信息化手段，制作动画动漫等多媒体教材，让课堂更有感染力、培训更有吸引力，调动职工学习的主观能动性，精心塑造本质安全职工，以此根治不安全行为。

（二）持续强化高技能人才队伍建设。全面推进"人才强企"是抓好安全生产的重要一环，扎实推进人才体制机制改革，"以点带面"，打造一支结构优化、素质优良、效能优异的人才梯队。依托"互联网 +"

学习平台，定期充实和更新培训学习资源，充分利用实操实训基地，聚焦正规操作、安全生产中的挡手难题，科学制定实操培训课程，针对关键岗位、重点工种，开展"靶向式"实操培训，引导职工"学技术、当人才、成工匠"。广泛组织技能"大练兵"、技术比武等竞赛，强化师徒传承，充分发挥"传帮带"作用，切实增强职工的安全意识、操作能力和敬业精神。

（三）持续打造安监"铁军"。安全是管出来的，只有在"管"字上下功夫、做文章，才能保证安全形势持续稳定向好。深入推进安监"铁军"建设，坚持"关口前移、控制源头"的理念，充分发扬"四铁"精神，从思想政治建设、业务能力建设、监管机制建设、人才成长机制建设、作风效能建设等方面入手，向"看惯了、干惯了、习惯了"的隐患"三违"宣战，做到只认标准不认人，推动安全监管工作真正严起来、硬起来、实起来，不断增强安监队伍的凝聚力和战斗力。强化精品意识、细节意识，在安全监管中做到"十必查"，把"严细实"要求贯穿工作的全过程，消除安全生产工作中的"缝隙"和"盲区"。同时，坚持透过隐患本身查找在干部履职尽责、职工正规操作、制度规定漏洞、技术措施缺陷、安全监督检查等产生隐患的深层次原因，进一步制定针对性措施，激发职工内驱力，提升工作执行力，增强团队凝聚力，提高安全监管的实效性，筑牢企业安全生产堡垒。

安全监管"十必查"

查方案设计、查规程措施、查风险辨识、查责任分工、查干部作风、查岗位操作、查安全培训、查宣传教育、查互保联保、查监督落实。

（作者为一矿安监处长）

如何优化煤矿安全生产系统

张　钎

安全管理工作是一项多环节、多因素、复杂动态的系统工程。要正确处理好当前我国煤炭生产中技术力量和管理力量的关系，勇于探索煤矿企业管理的新路子，探求煤矿发展新方向，集中精力抓好现场管理，积极组织安全大排查，加大对重点区域、重要岗位的监督检查力度，确保将排查细化到每个环节、每个岗位，有效防范和遏制各类事故，确保组织好安全生产工作，力争安全生产无事故！

一、强化安全理念入脑入心

我国安全生产法确立了"安全第一、预防为主、综合治理"的基本方针。安全生产工作必须坚持"安全第一"的原则，必须坚守"预防为主"的方略。煤矿安全生产必须制定相应的制度，制定完善的操作规程，坚决杜绝各类安全事故的发生，全力推动矿山安全治理。

除了必须执行国家规定的规章制度，煤矿企业内部必须根据自己的实际情况制定相应的制度。一矿党委提出：全面引导干部职工牢固树立底线思维和红线意识，营造"我的安全我做主、我的安全我负责"的浓厚氛围，使"安全是管出来的""安全不能代表一切，但安全能否定一切""管安全先要管思想""主动抓安全、安全就主动""现场无监控不作业，无监管不作业""不安全不生产、不达标不生产"六大安全理念内化于心、外化于行，推动安全文化转化为真抓实干、行而不辍的发展动力、筑牢高质量发展"生命线"，全力打造本质安全型矿井，不断提高全矿干部职工安全感、幸福感、归属感。

二、落实精细化管理制度

"坚持安全第一、预防为主"，就是要坚守长期安全生产工作实践证明的成功有效的基本方针。精细化安全生产管理必须在制度上做出详细的规定，并且在细节上层层落实。例如，一矿的顶板管理一直是重中之重，近年来，我们不断细化过构造、过空巷期间和高温雨季期间的顶板管控工作，下发《一矿采掘工作面顶板管理规定》《一矿采掘工作面过地质构造顶板管理规定》和《2023 年雨季顶板管理竞赛办法》等规定，并按照要求逐月、分批对井下所有采掘队组、无人区以及南、北条带运输大巷及总回风巷进行全覆盖顶板专项排查，发现的问题牵头组织各系统及时协调处理。

监管工作突出一个"严"字，日常要求要严格，落实措施要严密，岗位责任要严明，监督检查要严细，基层基础要严实，事故查处要严肃。精细化安全生产管理，不但要有细节措施的保证，也要有落实的制度保证，要把各项任务具体化、责任化、措施化、目标化，一项项一件件地落到实处。要大力推行"六制"，即工作环境安全制、所有设备责任制、工作岗位制、各项工作标准制、工作现场管理制、经营管理考核制。严格落实各级管理人员安全生产责任制，特别是安全管理第一责任人。

牢固树立"安全是管出来的"理念。对一线工作中出现的"三违"

▲ EBZ220M-2 掘锚一体机

现象（违章指挥、违章操作、违反劳动纪律）严令禁止。抓安全生产的工作态度必须强硬，自始至终都要坚持"下狠手"的高压姿态，严防基层管理人员安全意识出现松懈。

三、坚定不移推进智能化矿井建设

目前，我们在争创全国智能化示范工作面的决心不够坚定，还存在求稳怕乱的守摊思想，大胆尝试的主动意识不明显；还存在为了保生产而沿用旧工艺、老流程的现象，对蹚出一条智能化新道路的探索决心不强。我们将以"持续打造标准化智能化示范矿井"为目标，抓好矿井开拓设计和"一优三减"项目的推进，加强采掘队组衔接部署和生产技术管理，加大新装备、新技术和新工艺推广。千方百计抓好工作面衔接准备工作，保证各回采队组的高效衔接。超前谋划安装拆除工程，确保回采队组搬家不停产。及早动手做好前期准备工作，制订详细可行的方案，保证工作面在规定时间内拆安完毕。以"高标准、严检查、构系统、强推广"为措施和手段，不断提高标准化水平，形成以点带面、强势推进、不断提升的新态势。加大对工程技术人员的培训力度，坚持月度技术例会，解决日常技术问题，宣贯各类技术性文件、规范、制度等，不断提高工程技术人员的业务水平和工作能力。根据集团公司要求，及时修订生产技术规范性文件，规程措施的编制、审核要更加严细、规范，对现场生产更具有指导性。

在科学指导生产方面，要加大采、掘工作面矿压的监管力度，针对排查出的问题，做到落实责任队组、落实整改人、落实整改期限，真正做到"一查处，三落实"；规范采煤工作面支架及两巷单体柱数据的采集，严格执行"三天一采集，七天一上传"的采集方法，真正做到工作面周期来压预测预报，为安全生产提供有力依据；加强对采煤工作面进、回巷围岩变化数据的收集，确定两巷采动的影响范围，严格执行半月一次数据收集交表，并对数据进行汇总统计，及时掌握巷道的变化情况；针对特殊地段及时采取加强支护、起底等强化措施，保证工作面出口的畅通，进一步夯实顶板安全；加大对衔接松缓、矿压显现明显"无人区"巷道的排查力度，采用"设站留底"法进行监测，掌握巷道的变形情况；针对排查出的隐患"建账留底"，并及时下发隐患整改通知，做到隐患整改"三明确"，强化薄弱环节的全面布控。

（作者为一矿副总工程师）

一矿开掘系统综合安全体系的建立与应用

王俊伟

安全始终是煤矿工作最基础和最核心的部分，创新安全管理模式始终是煤矿管理者和安全工作研究者关注的基本命题。一矿开掘系统牢固，树立安全发展观，整合影响企业健康发展的政治思想、生产经营、教育文化等因素，构建煤矿综合安全体系，推进安全工作取得新突破、新进展和新业绩。

一、开掘系统综合安全体系简述

生产衔接部是华阳一矿机构重组后新成立的部门，主要负责开拓掘进的安全生产。面对新形势和新任务，我们要强化安全发展理念，完善开掘系统综合安全体系，建强"决策层、管理层和操作层"立体推进的安全运作模式，并具体应用到政治安全、安全文化、经营安全、能力提升和评估体系五大建设，实现整体安全态势平稳向好。

二、开掘系统综合安全体系的"三个坚持"

（一）坚持以人为本。以人为本是马克思主义人民思想的本质体现，也是我们党全心全意为人民服务根本宗旨的必然要求。由于煤矿企业的特殊性、井下作业环境的复杂性，矿工的生命健康受到的威胁相对更大，安全工作必须摆到最突出的位置，"人"是安全工作的核心，设备、技术和管理必须完全为"人"服务。

（二）坚持知行合一。"知"是指良知，"行"是指实践，二者是相互依存、辩证统一的关系。按照现代的话语来说，"知"是修养，是学习，也是政治思想、业务技能和行为养成的自我提高。"行"是付出，是奉献，也是正规操作、安全行为养成和安全制度建设的巩固提升。知行合一必须落实到每一名干部职工，要求上岗一分钟尽责六十秒，做好自己的分内之事。

（三）坚持守正创新。"守正"就是要立足生产衔接部的安全状况，依靠安全发展规律办事，按照集团公司、矿党委的部署安排办事，见微知著，以小见大，尽好生产衔接部应尽的安全责任和安全义务。"创新"就是要精神振作、斗志昂扬、努力拼搏，在原有工作成效的基础上再出新招再建新功，做开掘事业进步的领跑者。

三、开掘系统综合安全体系的层级结构

（一）决策层，制订规划。以华阳一矿生产衔接部为例，部领导为决策层，安全工作主要体现为两点，一是贯彻落实上级部门和相关领导的决策部署，二是统筹结合巷道掘进、地质构造、设备使用、技术创新、职工构成等因素，科学制订安全近期目标和远期目标。近期目标是比较容易实现的目标，比如队组年度标准化动态达标，远期目标是有一定难度的目标。

（二）管理层，承上启下。管理层主要指队组和职能业务部门，主要任务为：一是制定安全制度，包括安全基本制度、安全专项制度、

安全考核制度和安全联保制度四个方面；二是提高安全执行力，持续优化井下工作环境；三是强化安全监督，队组每班、职能业务部门每天都到现场督查，进行隐患排查、治理和报告，隐患要分类定级，制定措施，落实责任人和整改时间。

（三）操作层，重在执行。操作层指岗位作业人员，为提高其工作效率，首先要合理安排作业时间，对精力下降期职工安排轮休或调岗，真正体现人性化管理。其次要加强安全培训教育，包括法制宣传、技能操作、心理健康、思想作风等内容，最终提升职工的安全综合素质，提高作业纠错能力、危险辨别能力、事故排除能力、事故应急能力。最后要严格安全责任考核，触及安全红线和安全底线者，发生"三违"和安全事故者，让其丢面子、掏票子、挪位子，绝不姑息手软。

四、开掘系统综合安全体系的应用

（一）以政治安全为核心。生产衔接部生产系统点多面广、职工队伍庞大复杂，管理起来难度较大。教育干部职工搞好安全工作，政治是"统帅"，安全是"首责"，只有站稳政治立场，以政治为统领，在其位、谋其政、负其责、尽其力，出亮点、提效率，才能真正发现困扰安全生产的瓶颈问题，工作干起来才能游刃有余，收到实效。

（二）以安全文化为抓手。安全文化为安全生产提供强大的精神支持，保证员工思想上要安全、行动上会安全、效果上保安全。坚持"安全第一"原则，落实"安全是管出来的"理念，推动安全生产标准化达标升级，发挥跟班队干和班组长两个关键人作用，狠抓"人、机、物、法、环"过程管理，毫不动摇坚持"三个挺在前面"。一是把安全责任落实挺在安全风险管控前面，始终把安全责任落实放到首要位置。二是把安全风险管控挺在隐患排查治理前面，用风险管控去管安全。三是把隐患排查治理挺在事故应急救援前面，全员参与到安全管控中。

（三）以经营安全为保障。 生产安全是根本线，经营安全是生命线。厚植"一切成本皆可降"理念，实现经营和安全深度融合，着力在降本增效上下功夫，严格控制成本消耗总额，逐步实现低成本运行和效益最大化。一是必须提高全员成本观念，牢固树立"安全、生产、成本"三者并重并行的管理思路，完善《岗位价值精细管理考核内容、评分标准和考核办法》，层层分解成本指标，横向到人、纵向到岗，达到"人人会算账、个个会经营"的管理目的。二是强化现场成本管控，实现电费、支护成本、专用工具、油脂、租赁、配件"六个下降"目标，杜绝速凝剂、药卷、连网丝、金属网等材料浪费。三是规范材料配件的申批、领用、发放、使用流程管控，加大物资回收复用力度，实现对风钻、风镐等工具的重复使用，降低成本损耗，实现效益增收。

（四）以能力提升为目标。 一要提高学习能力。牢固树立终身学习观念，要有学习的危机感，把学习当作一种工作和追求。不论学理论、学技术，还是学管理、学方法，都要与能力素质提升、与推动安全工作结合起来，将学习成果贯彻落实到日常工作中。二要提高自律能力。基层干部必须严格要求自己，堂堂正正做人，明明白白做事。必须严格按照"五个一律"纪律要求，做到"慎权、慎欲、慎友、慎微"，积极主动地接受党内监督、群众监督、舆论监督，争做廉洁自律的表率。三要提高协调能力。安全管理工作要和人力资源、经营管理、安监、通风、运输等工区部门勤沟通，协调好各方面关系，向上沟通要及时，同级沟通要换位思考，对下沟通要体谅，才能在工作上相互配合形成合力。四要提高创新能力。建设现代化矿井离不开创

▲ EQS3000 型小断面岩巷盾构机

新驱动，安全管控要新思维，标准化建设要新途径，进尺指标完成要新举措，衔接工程推进要新方法，这一切的核心要义就是创新。要大力引进 EBZ200M-2 掘锚一体机、EQS3500 小型岩巷盾构机和液压钻车等先进装备，依托新设备创新生产组织方式，提高综合进尺水平。

（五）以评估体系为后盾，促进安全循环。 建立一套相对完整的综合安全评价体系和综合安全评价模型，包括安全评价指标的建立、评价方法的确定和评价结果的测量等。对安全预想内容、班中"手指口述"行为、安全隐患查处质量、隐患整改力度、作业安全技术措施等，采用定量方法进行评估，确保可操作性。

（作者为一矿生产衔接部主任）

牢记初心使命　忠诚履职担当

付培冬

新形势下，对于煤矿企业而言，构建功能完备、安全稳定、运行高效的机电系统有助于优化生产结构布局，提高先进产能占比，是加快新旧动能接续转换、推进"四化"深度融合的重要前提，对促进转型升级、聚力提质增效、提高竞争优势，全方位推动高质量发展具有十分重要的现实意义。下面，我围绕加强煤矿机电管理工作浅谈认识体会。

一、创造安全稳定的生产环境是建设本质安全型矿井的基础保障

2013年6月6日，习近平总书记就做好安全生产工作作出重要指示：人命关天，发展绝不能以牺牲人的生命为代价，这必须作为一条不可逾越的红线。这为我们做好安全生产工作提供了根本遵循，明确了安全工作作为一项政治任务，是不容挑战的底线、不可逾越的红线，容不得有丝毫马虎，分毫懈怠。

长期以来，面对煤炭行业劳动强度高、从业风险高、事故发生率高的"三高"压力，我认为，应当时刻铭记领袖殷殷嘱托，以"时时放心不下"的责任担当，把保障安全生产的政治责任扛在肩上、放在心上、抓在手上，坚定不移学习贯彻习近平总书记关于安全生产的重

要指示精神，贯彻落实《关于进一步加强矿山安全生产工作的意见》，严格执行集团公司安全生产"十真"工作要求，把"安全是管出来的"理念不折不扣落实到现场、延伸至岗位、传递给每一位干部职工，坚决破除"差不多、过得去"的粗放管理思维。锚定"防大风险、除大隐患、遏大事故、保大系统"的目标，构建"大超前"安全管理体系。

深化"电气设备失爆就是事故""甩掉保护就是犯罪"的基础安全观。立足"系统零缺陷、电气零失爆、机电零隐患"的目标，紧扣电气设备防"失爆"专项管理、低压供电系统"三大保护"安全管理、胶带输送机综合保护规范管理，用好排查隐患—原因分析—落实责任—整改通知—复查验收—闭合销号的全过程管理机制，拧紧"明责压责督责追责"链条，从根本上消除重大机电隐患。

树牢"宁可十防九空，不可失防万一"的风险防控观。始终要把安全责任落实挺在安全风险管控前面，把安全风险管控挺在事故隐患形成前面，把事故隐患排查治理挺在事故发生前面。围绕大动力设备、机电站室房、边远区域、单人作业岗位等重点部位和关键环节，深入开展安全风险分级管控和事故隐患排查治理。做到"辨识和评估风险—降低和控制风险—预防和消除事故"，提高"预知预判预防预控"能力，推动安全生产从过程管控向事前预控、源头防治转变，增强防范化解重大安全风险的能力。

强化"动态达标、岗位达标、系统达标"的安全生产标准化创建观。围绕以落实安全生产责任制为核心，以开展安全风险分级管控、事故隐患排查治理、职业危害专项整治为基础，以推进技术装备升级、组织安全培训教育、加强安全生产投入为保障，坚持对标竞进，争创一流业绩，持续打造十四采区配电室、张华沟主通风机房等一批机电星级站室房标准化精品工程，全面提升机电安全生产标准化建设水平。

二、推进智能化矿山建设是实现"安全、绿色、智能、高效"生产的重要途径

习近平总书记指出，把新一代人工智能作为推动科技跨越发展、产业优化升级、生产力整体跃升的驱动力量，努力实现高质量发展。2020年3月，国家八部委联合下发了《关于加快煤矿智能化发展的指导意见》，明确了煤炭行业智能化建设的标准规范和实施路径，吹响了智能化建设的集结号。近年来，华阳一矿深刻践行集团公司"煤炭安全绿色智能化开采和清洁低碳集约化利用"的目标要求，经过3年的接续奋斗，走出了一条具有华阳一矿鲜明特色的智能化发展之路，成功跻身首批国家级智能化示范煤矿序列，成绩来之不易、弥足珍贵。但是，应该看到在推进智能化建设的进程中，一些躲不过、绕不开的问题亟待解决：智能化采掘技术装备高级应用起步缓慢；液压支架中部跟机及采煤机记忆截割，掘进生产设备远程控制、一键启停、协同联动尚未全部实现；大动力设备及固定场所无人值守系统优势未能充分发挥；5G工业网络生态系统与煤炭生产环节结合得不够紧密。因此，这就需要我们努力开拓视野、跳出惯性思维、破除思想禁锢，主动拥抱新时代科技变革，鼓足干事创业的精气神。

抢抓机遇，打造原创技术策源地。联合推进人工智能、工业互联网、5G融合通信系统等先进技术装备与煤炭生产全过程各环节融合贯通，发挥"大宽带、广连接、低延时"的技术优势，畅通数字化信息化"高速通道"，启动一批"5G+安全""5G+采掘""5G+运输"等应用场景，促进数字信息化在更广范围、更深层次、更高水平上与煤炭工业融合发展。

对标一流，抢占行业技术制高点。加快矿井主（副）立井提升机、

主通风机、空气压缩机、排水泵、瓦斯泵等固定场所无人值守智能化巡检系统建设，发挥智能巡检机器人技术优势，综合运用传感检测系统、视频监控系统、智能控制系统、数字信息系统，形成全面感知、实时互联、分析决策、动态预测、协同控制为一体的智能化运行模式，让"无人值守、少人巡视"落地生根、成为常态。

聚力攻坚，争当转型升级排头兵。瞄准采掘智能化建设的"主战场"，通过引入成套智能化采掘技术装备，逐步形成生产设备远程集中控制、协同联动、预测预警、故障诊断以及视频在线监测监控、自动定位导航、自适应循环作业的"可视化远程干预"的生产模式。全面实现信息采集全覆盖、数据资源全共享、统计分析全自动、业务管理全透明、人机状态全监控、生产过程全记录的目标。

▲ 强力皮带智能巡检机器人

三、培育专业化机电人才队伍是推动现代化矿井建设的有力支撑

2018 年 10 月 29 日，习近平总书记在同全国总工会新一届领导班子成员集体谈话时指出，要加强产业工人队伍建设，加快建设一支宏大的知识型、技能型、创新型产业工人大军。这一要求为国有企业加快推进高精尖人才队伍建设指明了努力方向。新时代下，随着社会发展、科技进步，大数据、云计算、机器人等一批具有时代鲜明特征的新技术新装备陆续投运到煤炭工业发展中，深刻影响并改变着传统煤炭工业生产管理模式。因此，打造一支技术精湛、作风过硬、纪律严明的机电专业技术队伍，是推动企业转型发展、加快智能化建设的迫切需要，因此，我重点围绕以下三个方面开展工作。

打迪堵点，全面提升重点岗位安全技术水平。紧扣矿井供电系统、瓦斯抽采系统、主排水系统、主斜井运输系统、主（副）立井提升系统设备设施以及主通风机、空气压缩机结合《煤矿安全规程》《煤矿技术管理规程》《煤矿安全生产标准化细则》，分别从规范操作行为、检修维护标准、现场故障抢修开展系统性培训，教育引导职工学标准、懂标准、用标准，上标准岗、干标准活，坚决杜绝由于人为误操作或管理性缺失造成机电事故发生。

攻克难点，全面增强智能化技术装备运维管理能力。一方面，充分借助职工实操检修培训基地和职工创新工作室的平台优势，坚持问题导向，聚焦采掘系统主要生产设备、变频控制装置、PLC 控制器程序编辑的基础理论、结构特性及工作原理、故障判断和处理技巧开展专项培训，切实增强机电设备现场故障判定与处理能力。另一方面，围绕矿井现有信息化、自动化、智能化装备，长期聘请设备厂家技术

专家深入开展智能化专题培训，同时，挑选管理骨干和技术精英，前往设备厂家接受实地培训，通过采用"知识引进来，人才走出去"的方式，夯实智能化技术支撑，全面提高智能化技术装备运行维护与现场管理能力。

消除痛点，全面构建安全技术保障体系。锁定"现场零隐患、机电零事故、电气零失爆"的目标任务，围绕电气设备"防失爆"安全管理及电气开关、胶带输送机综合保护装置和采掘生产设备"三大闭锁"装置齐全有效、灵敏可靠，分别从电气设备"失爆"判定标准、过载、短路、漏电定值计算标准，胶带输送机综合保护工作原理、安装标准、检修维护，采掘生产工作面"三专两闭锁"安全运行入手，定计划、定人员、定标准开展专项安全技术培训，夯实机电安全基础管理能力，提高机电安全基础管理水平。

四、坚持强基固本、提质增效是煤矿企业高产高效的重要前提

基础不牢，地动山摇，牢牢牵住机电基础管理的"牛鼻子"，抓基层、打基础、苦练基本功，不断提高机电管理水平，促进矿井产能提升，实现机电系统动力变革、效率变革、质量变革。

聚焦工作重心，着力提升机电设备强制性检修效能。围绕保障采掘主要生产设备及大动力设备平稳运行，有效运用"协调组织—人员分工—检修安排—标准规范—问题整改"的闭环管理模式，全面开展机电设备强制性检修管理。配合书面评估报告和启动问责考核机制，真正让机电设备强制性检修这项工作严起来、实起来、硬起来，有效降低机电设备事故率、提高运转率、保证完好率。

锁定核心区域，全力确保大动力设备安全高效运行。高标准推进、高质量完成主（副）立井提升机、主通风机、空气压缩机、瓦斯抽放泵、高压配电柜检修工作。同时，通过运用工况监测监控系统，实现设备状态监测系统信息数据上传，开展运行状态分析，防范事故发生。此外，坚持每半个月对大动力设备进行一次全面"体检"，加强备品备件有效投入，为设备安全高效运行蓄势赋能。

紧盯关键环节，大力推进机电安全变化管理落地见效。围绕十六项非常规作业，突出"五类变化""六项重点"，进一步加强临时施工作业、受限空间作业、多队组人员交叉作业、临时性用电作业以及采掘工作面初（末）采、过构造、安装回撤、更换设备大型部件等现场安全管理，竭尽全力做到准确把握变化、有效应对变化、科学管理变化，不遗余力创造安全稳定的生产环境，在华阳一矿全面打造精品标杆矿井、全方位推动高质量发展中发挥应有作用，贡献全部力量。

（作者为一矿机电工区主任）

"五个不断"问初心　安全生产见实效

王玉中

大道至简，实干为要。作为一个煤矿企业的基层负责人，更要严于律己，养成好的工作习惯，注重每一个细节，牢固树立"安全是管出来的"理念，秉承安全生产"十真"管理的真正内涵，抓好部门日常工作，助力企业安全生产高效发展。我将不忘初心，牢记使命，做到在工作中定其心、定其位、定其责，努力践行学习贯彻习近平新时代中国特色社会主义思想主题教育和"爱党、爱国、爱企、爱岗"教育活动成果，为我矿现代化精品标杆矿井建设和"旗·首"党建品牌创建蓄势增力。

一、不断夯实安全生产基础

基础不牢，地动山摇。对于煤矿企业而言，安全生产是一切工作开展的基础，更是我们工作的重中之重。最近认真研读的《干好工作18法》中，"不要差不多，盯住最完美""日清月结，有条不紊"等方法就能很好地应用到我们的安全生产工作当中。时刻坚持"安全第一、预防为主、综合治理"的总方针，认真贯彻落实集团公司"安全是管出来的""安全不能代表一切，但安全能否定一切""管安全先要管思想""主动抓安全，安全就主动""现场无监控不作业，无监管不作业""不安全不生产，不达标不生产"六大安全理念，以《黑色三分钟、生死一瞬间》及集团公司近期事故案例为警醒，认真执行集团公司《煤矿红黄牌管理考核办法》《安全"红线"管理规定》要求，深入井下作业现场对施工队组进行安全技术指导，确保施工作业工程质量达标且安全生产标准化动态达标，为我矿的安全生产平稳运转打下坚实的基础。

二、不断坚定思想认识定力

态度决定高度，思路决定出路，格局决定结局。既然我们选择了为国家发光发热的事业，就要培养"干一行爱一行精一行"的责任坚守和精神执着，认认真真谋事，踏踏实实干事，不马虎，不敷衍，不做"差不多先生"。在实际工作中要时刻养成严肃、严格、严谨对待工作的好习惯，决不能一知半解、浅尝辄止，坚决杜绝"差不多"，力争追求最完美，切实做到"文经我手无差错、事交我办请放心"。只有在自己的岗位上，以最优的态度、最高的效率、最好的质量把本职工作做到极致，才能真正让大家放心。每个岗位都有其本身的职责使命，作为一名党员干部，面对烦杂的事务性工作和精准的技术性要求，要学会正确处理苦与乐、得与失的关系，乐于吃苦、甘于奉献，力戒浮于表面、处事焦躁，努力以实实在在的工作成绩赢得领导的认可和同事的信任。

三、不断提高工作创新能力

做每一件事情都要一丝不苟，特别是针对工作中的问题，更要忠于职守、恪守本分，应当熟悉自己工作岗位的职能职责，属于职责范围内的工作就勇敢地担起来，真正做到在其位、谋其政、负其责、尽其力。通过多思路、多渠道、多途径，彻底理解"创新"二字的内在含义，把"创新"的实质与本职工作有机结合起来，寻找工作亮点，打造品牌效应，真正把工作创新作为今后部门工作的"主抓点"，作为服务安全生产的"新途径"，这样才能"工作到位"。下大力气推广应用新技术、新装备、新工艺，持续关注在151305综放工作面试验动压巷道"卸—支—注"联合控制技术研究效果，现场进行实时观测、效果分析，总结动压巷道综合治理技术，有效控制巷道变形；积极推行我矿十四采区和四采区两条盾构机作业线同时作业，以及15405进风巷完成掘锚一体机的有序接替，在高位抽采巷、低位抽采巷等巷道中全面应用无轨胶轮车和柴油履带板车运输，提升掘进装备机械

▲ 锚杆钻车培训

化、连续化、成套化水平，进一步提高施工作业效率，降低工人劳动强度，促使"双高"建设水平不断提升。

四、不断强化履职尽责意识

一是在工作方式、方法上加以改进，一切从工作实际出发，把脉问诊，疏通筋络，使全体干部职工从思想上、行动上融为一体。二是克服好人主义思想，严格制度落实，严肃责任考核，认真执行"制度管人、流程管事"，做到工作面前一丝不苟、制度面前一视同仁。三是时刻以职工群众满意与否作为检验自己工作成效的标准，自身的一言一行、一举一动一定要接地气、促和气，引导带领广大干部职工立足岗位、安全生产、忠诚企业、爱矿如家。科学合理地安排全矿采掘衔接部署，强力推进示范工作面和队组工程质量管理，在狠抓"一优三减"、新装备新技术和新工艺推广、"双高"建设、安全生产标准化提升、矿井可持续发展等方面"撸起袖子加油干"。同时，抓好阎家庄风井井筒建设、矿井生产系统环节改造、十六采区规划准备、五采区首个回采工作面的衔接准备等重点工作，全力保障安全生产，圆满完成全年的生产经营奋斗指标，为矿井的产能提升和高质量发展创造条件。

五、不断厚植学习廉洁沃土

作为年轻干部，自身能力素质的积累应是追求事业进步的基础，廉洁自律意识的培养也是扣好人生"第一粒"扣子的开端。时刻把学习贯彻习近平新时代中国特色社会主义思想作为自己的第一需要、第一责任和第一任务，始终保持不竭的学习动力，克服浮躁心态，静下心来，在学习中思考，在思考中学习，把学习的成果转化为分析问题、解决问题的能力，转化为推动工作的思路和办法。我们做每一件事情，都应该始终做到慎独、慎初、慎微、慎行。不管从事什么职业，不管在什么岗位工作，想问题、做事情，都要坚持原则；无论是工作应酬，还是人际交往，都应保持积极健康的作风品行。在注重抓好八小时以内工作的同时，更要注重抓好自身八小时以外的制度约束，时刻以中央八项规定精神及党章、党规等制度规定为准绳，以"四风"问题自查、四级联动机制创建、关键岗位"五类"主管人员管理为抓手，坚决克服"上班时间一个样，下班以后一个样"的怪象，始终保持"红线"面前如履薄冰。

（作者为一矿总工程师办公室主任）

加强安全宣传教育　筑牢思想安全防线

赵　贤

安全是民生大事，是企业发展之本。只有职工的安全得到保障，才能激发企业高质量发展活力。安全宣教作为企业安全生产的重要抓手，能增强职工的安全意识和防范事故的能力，确保各项安全防范措施落实落地，进而拧紧全员"安全阀"，助推打造本质安全型企业。

近年来，华阳一矿牢固树立"安全是管出来的"理念，全力实施"十真"安全管理路径，制定"保安全、抓标化、攻重点、严管理、稳生产"十五字方针，将安全宣传教育作为做好安全生产工作的重要抓手，从思想教育、案例警示、亲情关爱等方面协同发力，发挥安全文化潜移默化的熏陶作用，切实做好安全生产思想保障工作，有效引导全矿干部职工时刻绷紧安全弦，推动安全形势持续稳定向好。

一、立足一个"谋"字　统筹部署聚合力

华阳一矿始终高度重视安全宣教工作，将其摆在突出位置，列入日常重要议事项目，不断完善工作机制，切实推进安全宣教走实走深。着重加强顶层设计，逐级抓实各级党组织的主体责任，确保各项决策部署不折不扣落到实处。按照集团公司、矿一号文件精神，党委办公室、工会、安全监察处、人力资源部（职教）等相关业务部门协同配

合，在每年年初制定《关于进一步强化安全宣传教育的通知》，对员工行为规范、安全氛围营造、安全教育培训等方面进行细化，进一步发挥安全宣教十二法优势，做到接地气、聚人气、有生气。

华阳一矿以政工例会为载体，要求各党总支、直属党支部书记每月汇报本单位安全宣教工作开展情况，通过交流探讨，及时发现好的经验和做法，互相学习、互相借鉴，达到共同提升的目的。同时，党委办公室牵头，联合工会、安全监察处等相关业务部门，定期对各单位安全宣教工作开展情况进行督导检查，对发现的问题进行指导、督促、整改，及时总结和分析各单位工作开展情况，并针对性地进行帮扶，促进全面提升。

二、着眼一个"细"字　丰富形式氛围浓

华阳一矿紧跟当前安全生产实际，围绕矿井中心工作，发挥新媒体宣传阵地优势，利用丰富多彩的宣教活动，抓实抓细安全宣教工作。充分发挥报纸、杂志、安全宣教专栏、大屏等平台优势，借助抖音、微信公众号等新媒体平台，通过主题采访、专题评论、开设专栏、制作一图读懂的形式，广泛宣传安全生产法律法规、安全发展理念、安全生产先进事迹、事故案例警示视频等内容。开展"人人讲安全"之"我的安全格言""我的安全经验""我的安全教训"等系列活动，引导广大干部职工进一步树牢红线意识、强化法治观念、提升安全素养。在任务楼、井口、办公楼电子屏幕上滚动播放安全宣传标语，在文化长廊制作安全漫画，在办公场所悬挂规章制度，切实营造浓厚的安全氛围，引导全员树立正确的安全生产价值观。

亲情的感召远比理论的说教更能打动人心。华阳一矿以"协管安

全、服务职工"为宗旨，采取"线上＋线下"相结合的方式，定期组织开展亲情联谊座谈会，以亲情强调安全责任，以真情呼唤安全意识。"线上"通过视频连线，职工与家属一起学文件、看事故案例警示教育，让亲人的谆谆嘱托直抵职工心灵深处；"线下"举办安全大讨论，邀请职工家属深入厂房、车间、队组，开展亲情体验日、心理健康辅导等活动，与职工齐聚一堂，心连心、话安全，将"家"的温馨融进安全生产，打通企业与家庭安全共建的"最后一公里"。今年以来，开展"安全一号文件宣贯""迎新春、送祝福、保平安""家企共筑安全墙、夫妻同谱平安曲""做安全标兵、担家企职责"等宣教活动 75 场，受众 2964 人次，累计发放资料 1000 余份，家属协管员进队组开展安全宣传教育 142 场，进一步用亲情筑牢安全防线。通过厚植"家"文化底蕴，不断丰富"亲情助安"活动载体，强化家属在安全生产中的作用。

华阳一矿坚持"现场就是战场""三违就是事故"，以"保安全、抓标化、攻重点、严管理、稳生产"十五字工作方针为指引，将"三违"查处融入日常安全生产监督检查工作中，进一步强化作业现场管控。充分发挥视频监控作用，全方位、全面巡查、监督、纠正"三违"行为，特别是通过矿长安全小分队、各井区小分队不定时不定地点现场巡查，加大对"三违"的查处打击力度。对发生的习惯性一般"三违"人员进行"过三关"（区队帮教关、曝光亮相关、家属联保关）教育，对发生的严重"三违"人员进行"过五关"（学习培训关、区队帮教关、曝光亮相关、家属联保关、监督考核关）教育，帮教率达 100%，切实增强全员安全意识、规范安全行为，真正做到为自己而安全、为亲人而安全、为企业而安全。

三、突出一个"新"字　安全文化育人心

长期以来，华阳一矿始终积极探索符合矿井安全工作的管理方法，充分发挥安全文化的引领作用，以文化人、以文育人，全力打好安全生产攻坚战。针对当前严峻的安全形势，按照集团公司《关于进一步强化安全文化建设的实施意见》相关要求，在矿原有安全文化的基础上，突出"整合与创新"，将同类型、烦琐型予以优化整合，创新建立"3+9"安全文化体系，从而确保全矿安全生产持续稳定。"3"即重点工种实操培训、"日日学、月月考"工作机制、依法持证培训监督"三个抓手"；"9"即安全行为养成、"二五"安全活动、事故案例教育、"三违"帮教、"12·60"身心调适、安全包保和党员包保、战"三危"反"三违"、自保互保联保、岗前思考9种途径。特别是在常态化开展班前会、入井前、开工前的安全"三宣誓"和上下井"打旗排队"中，通过一

▲　职工安全培训考试

句句铿锵有力的誓言和"准军事化"的管理，切实从思想上入手，进而提高全员思想自觉、行动自觉，严密管控安全各项风险，切实增强团队意识和自保互保联保能力。积极编印安全文化手册及安全行为"口袋书"，发放至每一名职工手中。谱写《安全行为养成》《安全是管出来的》《身心调适》《亲情教育》四首安全歌，制作歌曲MV，以通俗易懂、脍炙人口的歌曲，教育职工上标准岗、干标准活，提升安全意识。

此外，华阳一矿基层各单位围绕矿"3+9"安全文化建设体系，不断创新活动载体，打造安全工作特色亮点，进一步夯实安全管理体系。调度室每月开展安全宣教叮嘱活动，选取职工家属代表录制安全宣教叮嘱视频或者让职工家属代表走进队组宣讲，以亲情呼唤安全意识，让广大职工更进一步意识到只有"自身安全，才有家庭幸福"；生产衔接部通过建立微信宣教平台，整合各类安全教育资源，将文字、图片、视频等多种形式的教育素材集中在一起，便于职工随时随地学习，避免集中培训时间冲突和不方便参加培训的情况出现；运输工区建立"三基三抓一追究"（三基：安全培训、安全生产标准化、班组建设；三抓：抓好职工正规操作、职工日常行为养成及安全培训；一追究：严格责任追究）工作模式，充分发挥宣传工作的引领作用，进一步提升安全认知力；通风工区通过在队组设立"自省台"，让发生过违章人员上台自省，使上台职工认识到违章的可怕，"红红脸、出出汗"做法在全矿推广。通过一系列行之有效的管理措施和形式多样的活动，有效引导全员从思想、情感、意识、行为规范等对安全文化形成更多认同，使大家更加自觉地以安全行为准则为标尺，以安全价值观念为无形的约束。

（作者为一矿党委办公室主管）

抓实职工安全自保"四要素"
提升企业安全发展"支撑力"

赵 军

习近平总书记指出，人命关天，发展绝不能以牺牲人的生命为代价，这必须作为一条不可逾越的红线。在全方位推动高质量发展新征程中，我们必须牢固树立以人民为中心的发展思想，不断强化红线意识和底线思维，以高度认真负责的态度抓好安全生产工作。

纵观企业安全生产全过程，人既是决定性因素，也是不稳定因素。即使条件再好、设备再先进，如果职工在安全意识、素质能力等方面跟不上，既不能"自保"又不能"互保"，更不能"联保"，本质安全和安全生产长周期目标也将难以实现。因此，我们必须要深刻领会习近平总书记关于安全生产的重要论述、重要指示、重要讲话精神，树牢生命至上、安全发展理念，以"时时放心不下的"责任感和使命感，把"人"抓在手上、贯穿始终、久久为功，以职工安全自保"四要素"养成为抓手，着力培养"我要安全""我懂安全""我会安全""我最安全"本质安全型职工，推动人的行为、物的状态、系统环境的和谐统一，为企业长治久安打下坚实基础。

一、要素之一：培养强烈的安全意识，以思想力提升保安全

安全意识淡薄是发生事故的罪魁祸首。究其原因，集中体现在三

个方面：一是无知者无畏，安全应知应会和岗位专业知识缺乏，不知敬畏、不存戒惧，没有章法、胡干蛮干；二是麻痹大意，看惯了、干惯了、习惯了，产生懈怠思想，对安全的态度没有做到慎终如始；三是侥幸心理，投机取巧、耍小聪明，制度执行打折扣、搞变通、走捷径。

深入推进安全文化建设，坚持用文化的力量，教育引导职工争当安全人。一是提升安全文化"三性"质效，突出安全文化引领性，坚持以文化人、以文化企，以浓厚的文化氛围和鲜明的导向作用，引导全体职工始终把安全放到首位，敬畏生命、敬畏制度、敬畏责任，让安全生产成为企业上下强烈的思想共识和坚定的价值追求；突出安全文化丰富性，在巩固传统阵地宣传的同时，充分发挥信息化网络优势，借助微信、抖音等新媒体平台，线上线下同向发力，让干部职工时时处处受到安全教育；突出安全文化的全覆盖性，从职工安全意识培养、素质能力提升延伸到设备安全稳定运行、现场安全生产标准化管理等各个环节，做到各环节、全过程 100% 覆盖。二是抓实重点工种实操培训、"日日学、月月考"工作机制、依法持证培训监督"3"个抓手，用好安全行为养成、"二五"安全活动、事故案例教育、"三违"帮教、"12·60"身心调适、安全包保和党员包保、战"三危"反"三违"、自保互保联保、岗前宣誓思考"9"种途径，特别要做实做细事故案例警示教育，让职工真正做到"看明白、想明白、干明白"，让职工用别人的教训作为自己的教材，持续扭转"看惯了、干惯了、习惯了"现象，从源头上真正消除"三违"行为。

二、要素之二：培养规范的作业行为，以规范力提升保安全

安全警示教育片《黑色三分钟、生死一瞬间》在开篇语指出，职

工伤亡事故统计资料表明，90％以上的事故是煤矿从业人员现场"三违"造成的。屡禁不止的"三违"现象、用鲜血和生命换来的沉痛教训，一次次警示告诫我们，在规范职工安全作业行为上存在短板弱项，需要持续整治和不断提升。

以培训规范职工安全作业行为。以初训、复训、再培训为抓手，巩固提升本专业、本岗位安全应知应会知识，确保全员参训率和持证上岗率达100％。坚持"日日学、月月考"工作机制，强力推进重点工种实操培训，配发岗位操作要领和岗位清单"明白卡"，强化"四述"工作法、"一工种一视频"执行落实，让职工熟练掌握作业规程标准、岗位操作要领，确保每个环节、每个流程、每个节点都符合规程，用安全行为保证安全生产。

加强安全作业行为督查。党组织要认真履行好"党管安全"职责，教育引导各级干部认真履行好安全生产责任制，积极利用跟班下井、走动巡查、现场调研等形式，帮助基层队组及时发现和纠正各种不安全行为，确保安全生产。群团组织要围绕安全生产积极发挥作用，整合优化群监网、青监岗、女职工安全协管员队伍，通过认真组织集体上岗查隐患、扎实开展群众性"反三违、查隐患"活动、创建青年安全生产示范岗等活动，筑牢安全生产第二道防线。坚持从抓"小细节"入手，抓打旗排队、岗前"三宣誓"、登高作业、乘坐运输设备、佩戴安全帽等，督促职工自觉养成安全行为好习惯，用思想教育"软方式"实现安全生产"硬成效"。

三、要素之三：培养高超的操作技能，以素质力提升保安全

有道是，艺高人胆大。许多职工平安工作了一辈子，除了有强烈

的安全意识和规范的作业行为，与拥有高超的岗位操作技能密不可分。岗位技能越高，安全系数越大。可以说，高超的操作技能是确保职工自保的又一重要法宝。

压实培训责任。建立"党政主导、系统牵头、职教协调、订单培训、依规考核、对标总结、提炼推广"的"七位一体"安全培训教育体系，压实各单位培训工作主体责任，更加自觉地把培训工作放到与安全生产经营等中心工作同等重要的位置，同安排、同部署、同检查、同考核。完善联席工作机制，定期组织跨部门、多单位工作协调会，加强资源共享和信息沟通，及时全面掌握工作进展情况，认真研究解决存在的问题与不足，真考核、严考核，以考核的严肃性彰显培训工作的重要性。

创新培训形式。推动"填鸭式"教学向"订单式"教学转变，定期到基层和职工中了解需求、征求意见，真正做到"缺什么、补什么、干什么、学什么"，切实提高培训的针对性。推广应用 VR 虚拟技术，开展仿真式、沉浸式教学，通过人机互动、模拟操作，帮助职工更快、更规范地掌握岗位作业流程和操作要领，减少安全事故发生。在安全活动中开展培训工作，特别是将安全知识和岗位要求融入安全文化活动，积极开展安全猜谜、安全问答、安全文艺演出等活动，既丰富了职工文化生活，也让职工增强了安全意识、增长了安全知识。

提升培训效果。狠抓重点工种实操培训，特别针对新设备、新工艺、新技术，加强专项培训，提高实操能力，深入推动理论知识和实践操作融合共促，有效解决岗位人员故障判断、隐患处置能力不足等问题，让职工熟练掌握各种设备的工作原理和检修工艺，不断提高故障判断能力和独立快速处置故障能力。加大高校生专业技术人才培养力度，创新实施"双导师"培养机制，强力推进"项目＋团队"培养

▲ 安全宣传咨询日活动

模式，全面提升高校生的思想政治素质和工作业务水平，推动他们尽快成长成才、成为独当一面的技术人才。给技能大师定目标、下任务，大力培养高技能人才，发挥好技能大师在技术传承、人才培养等方面的"传帮带"作用，让技能大师工作室成为人才培养的摇篮。

四、要素之四：培养稳定的思想情绪，以稳定力提升保安全

在工作生活中，不可避免会遇到矛盾纠纷和各种变故。如果处理不及时、不妥当，让职工带着思想情绪去上岗，精神恍惚、精力不集中，极易为安全生产埋下事故隐患。

全力推进"百十一"工作法，以岗位支部"望闻问切"、日常"支部书记进百家"为抓手，加大对"12·60"安全不放心人员排查，重

点排查带伤有病、忧郁焦虑、家遇大事、憋气窝火等十种重点人群。充分发挥一人一事思想政治工作优势，支部书记自觉做到"五清楚、六必帮、七必谈"，通过综合运用知情明理法、排忧解难法、谈心疏导法、身心调试法、矛盾调节法等形式，帮助重点人员疏压解难、轻装上岗。认真做好党员包保工作，每名党员按照"包思想、包安全、包技能、包效能、包稳定"要求，认真开展职工包保工作，实现无"三违"、无事故、无违规上访、无重大舆情目标。依托"职工心灵驿站"，创新实施提升职工心理健康服务"四个一"工程，不断提高心理健康服务的能力和水平。

积极从新时代"枫桥经验"和"浦江经验"中吸取智慧和力量，认真开展干部下访接访工作，严格执行信访代理员制度，建好用好"职企连心桥"，加大矛盾纠纷排查化解力度，妥善解决各类诉求，全力营造和谐稳定发展环境。常态化推进"我为职工办实事"实践活动，聚焦职工急难愁盼，充实完善重点民生项目清单，持续开展扶贫解困送温暖活动，持续改善职工工作、就餐、洗浴环境，力争职工工资收入水平再上新台阶，共享企业高质量发展成果，不断增强职工的幸福感、获得感、归属感。

（作者为一矿办公室秘书）

创建"3+9"安全文化体系 筑牢安全基石

一、实施背景

一矿按照集团公司安全文化建设实施意见，在原有安全文化实施方案的基础上，突出"整合与创新"，将同类型、烦琐型的"老经验"予以优化整合，并创新性实施职工便于接受、管用实用的好办法，确保全矿安全生产持续稳定，干部职工安全感、幸福感、归属感不断提升，实现安全生产长周期的目标任务。

二、主要做法

创建"3+9"安全文化体系，即突出3个抓手、运用9种途径，以扎实有效的举措，持续推动安全文化在全矿落地生根，筑牢安全发展根基。

"3"：通过重点工种实操培训、"日日学、月月考"工作机制、依法持证培训监督3个抓手，提高个人综合技能素质，持续提升全员安全意识，真正从源头上防范各类安全生产事故的发生。

"9"：通过安全行为养成、"二五"安全活动、事故案例教育、"二违"帮教、"12·60"身心调适、安全包保和党员包保、战"三危"

反"三违"、自保互保联保、岗前"三宣誓""六思考"9种途径，广泛开展安全文化建设工作，强化职工正规操作意识，养成良好安全行为习惯，根除陋习，消灭隐患。

其中，在原有基础上重点创新实施了五项工作。

（一）强化重点工种实操培训力度。重点突出"理论培训—实操培训—网络培训"工作机制。一是重点岗位操作人员、队组管理人员、厂房检修人员面对设备"勤会诊"——研讨；二是专业技术人员对生产实际问题编写针对性教案"开药方"——备课；三是考评组对故障处理能力提升"出难题"——考评；四是聘请厂家现场实操授课"解疑问"——释惑；五是培训结束，授课老师、学员共同编制"口袋书"——便利。经过培训，参训人员现场处理故障能力大幅提升，设备故障率有效降低。

（二）"二五"安全活动"六步法"。"六步法"即点名喊到、学前观看、剖析反省、专题学习、安全讲评、干部点评。特别是在剖析反省阶段，在各队组会议室设立"自省台"，违章人员"上台自省"。这种"红红脸、出出汗"的做法，让上台职工认识到违章后果的可怕，让台下职工感受到只有坚持正规操作，才能既不丢面子，又不丢票子，使全员自觉在思想上警觉起来、在行为上主动起来。

（三）岗前安全"三宣誓"。"三宣誓"即班前会安全宣誓、入井前安全宣誓、开工前安全宣誓。通过一句句铿锵有力的誓言，时刻绷紧安全生产弦，切实提升职工安全意识，从而实现个人安全有保障、设备安全有预知、环境安全有预判。

（四）上下井"打旗排队"。每班上下井时，跟班队干或班组长举旗带队，集体入出井。通过这种"准军事化"的管理，培育全员令行禁止、雷厉风行的工作作风，进一步提高全员思想自觉、行动自觉，严密管控安全各项风险，切实增强团队意识和自保互保联保能力。

（五）心理健康服务"四个一"工程。 通过建立一个高标准心理健康咨询服务基地、建立一支职工心理健康服务示范站、培养一批心理健康服务人才骨干队伍、开展一系列以广大职工需求为导向的心理健康咨询服务活动，进一步致力打造"心"的家园，建立"心"的团队，营造"心"的港湾，引深"心"的服务，筑牢职工心理健康"防火墙"。

三、取得成效

目前，全矿各级党组织积极开展"3+9"安全文化建设体系，引导全员从思想、情感、意识、行为规范等对安全文化形成更多认同，使大家更加自觉以安全行为准则作为自我警醒的标尺，以安全价值观念作为无形约束的立场，促进安全生产各项规章制度有效落实。

针对矿井实际，一矿编印安全文化手册发放到职工手中，编制安全行为养成、安全管理、身心调适等安全歌在井下候车室、大巷、工作面等地进行滚动播放，进一步营造浓厚的安全氛围。在集团公司安全宣教检查中，连续三年获得煤矿单位第一名。在开展的安全文化建设优秀班组评选中，6个班组被评为2023年四季度优秀班组。

通过持续推动安全文化建设落实落地，全矿干部职工在思想上逐步转变、行动上不断规范、管理上持续创新，以"时时放心不下"的责任感，全力打好安全生产攻坚战，为集团公司高质量发展积极贡献一矿力量。

案例 2

"三个"坚持　夯实安全基础

安全是企业的"天字号"工程。近期，一矿认真贯彻落实集团公司各项安全决策部署，锚定"安全零死亡"目标，坚持"安全是管出来的"理念不动摇，强化"十真"管理措施执行落实，并认真吸取各类事故教训，持续开展安全生产隐患大排查行动，严格做到排查"零疏忽"、管控"零死角"、落实"零遗漏"，进一步筑牢安全生产防线。

坚持"清单式"部署，压紧压实责任

一矿按照"党政同责、一岗双责、失职追责"和"三管三必须"的原则，出台"保安全、抓标化、攻重点、严管理、稳生产"十五字方针，全面实施安全责任清单制管理，分层级建立年度目标任务清单，通过逐级签订责任书，将安全生产目标落实到矿、区、队、班组，切实做到照单履责、按单办事，疏通了岗位责任"神经末梢"，推动安全责任横向到边、纵向到底、管理到点、责任到岗、考核到人，形成"事事有人管、时时有人管、处处有人管"的工作格局。坚持正激励与负激励相结合，按照"奖要奖得心花怒放，罚要罚得胆战心惊"的宗旨，加大安全生产考核力度，形成"全员、全过程、全方位"抓安全生产的良好态势。

按照"科学合理、正规有序"的生产原则，充分发挥党政工团齐抓共管、严抓严管优势，从严从实落实安全监管责任，把安全作为首要任务来抓，不断加强现场安全管理，做到合理组织生产。此外，以岗位流程标准化为总抓手，严格现场安全确认，特别是重点岗位、关键环节的实施，规范职工在每一道工序、每一个环节的操作行为，提高员工的安全技能和自主保安意识，全面实现上标准岗、干标准活的总体要求。

坚持"地毯式"排查，不留死角盲区

隐患不除，矿无宁日。一矿按照"严当头、较真劲、真碰硬"的工作理念，深入开展"地毯式"隐患排查治理，建立完善隐患排查制度，每日召开隐患排查专题会议，每月由矿主要负责人牵头组织开展一次全覆盖"拉网式"大排查，每半月由分管领导至少组织一次业务范围内的隐患排查，全面排查各系统、岗位的隐患问题，做到"岗位时时排查、班组班班排查、区队日日排查、厂矿周周排查"，确保隐患治理到位。

一矿坚持做到"五定五落实"，建立事故隐患台账，实行分级分类闭合管理。每月由矿主要负责人牵头，召开一次重大隐患专题会议，深入推进重大事故隐患的整改落实。通过查隐患、开例会的方式，深度剖析事故隐患产生原因，及时制定防范措施，实现系统化、科学化、信息化隐患排查治理。此外，一矿强化安全风险分级管控，扎实开展安全风险年度辨识、四类专项辨识、岗位辨识和变化因素辨识工作，按照"班组班排查、队组日排查、部门周排查"的要求，对作业环境、设备设施、生产工艺、人员行为和管理体系等方面存在的安全风险进行全方位辨识。通过建立和绘制风险空间"四色图"、告知卡，对可能发生事故的风险制定有效管控措施，确保人人知风险、全员防风险。制定风险隐患有奖辨识办法，鼓励全员主动排查风险、排查隐患，并每月进行一次奖惩兑现。

坚持"兜底式"担当，紧盯关键环节

一矿从"管"上改作风，从"真"上提质效。将安全生产"十真"管理作为引深安全理念的具体措施和有效途径，不间断开展干部作风督查专项行动，通过查包保台账、查请销假制度、查跟带班记录等，有效解决干部职工安全意识不强、制度落实不力、现场管理不细、监管责任不实等顽疾。定期对干部作风漂浮、履职不力等行为进行通报批评、亮相曝光、书面检讨和安全约谈，积极营造风清气正的干事创业氛围，推动全员履职尽责、担当作为、不懈奋斗，用实干创造更好业绩。

一矿深入构建以"双重预防机制建设"为核心的安全生产标准化管理体系建设。以安全风险有效管控和隐患排查闭合治理为手段，从安全生产标准化建设的关键环节入手，强化现场过程管控和工作落实。通过增强"不安全不生产、不达标不生产"意识，严格落实安全生产标准化建设的主体责任，建立与日常安全管理相适应、以安全生产标准化为重点的自主安全生产管理体系。开展以岗位达标、专业达标和企业达标为主要内容的达标建设，通过层层把关、逐级负责、联动考核，实现安全生产现场施工、操作行为、设备配备和作业环境规范化、标准化，不断夯实安全根基。

案例 3

强基础　固基功　打造安全高产高效旗舰队

今年以来，一矿调度室综采五队党支部围绕打造"旗·首"党建工作品牌，扎实开展"强基础　固基功　打造安全高产高效旗舰队"品牌创建活动，通过党建示范引领，不断提升队组高产高效能力。

一、党支部概况

一矿调度室综采五队党支部成立于 1980 年 10 月，2022 年 10 月按期换届，新一届支委设委员 3 名，现有党员 9 名。2021 年被评为集团公司"党支部标准化示范点"，2022 年被评为省国资委"标杆党支部"。

二、创建做法

（一）坚持政治理论学习，全面提升综合素质。一矿调度室综采五队党支部以深入开展学习贯彻习近平新时代中国特色社会主义思想主题教育为契机，采用"集中学习＋个人自学""红色故事＋理论宣讲"模式，先后组织支部党员集中学习 5 次，撰写心得体会 51 篇；在15403 工作面进风巷，围绕习近平总书记关于安全生产的重要论述、社会主义核心价值观、弘扬"一矿精神"等内容，绘制红色教育主题墙，时时刻刻教育引导党员、职工增强党性观念，坚持以学促行。形成以党小组、党员为中心的"1+N"攻坚团队，群策群力，总结凝练了党员骨干靠前指挥"一停电闭锁二敲帮问顶三打眼放炮"工作法，真正把集团公司安全生产"十真"管理和高产高效专班的安排部署落到实处。

（二）强化党员队伍管理，激发党员担当意识。党员是党的细胞，加强党员教育管理工作是基层党组织的一项重要工作内容，也是不断提高党员素质、保持党的先进性和纯洁性的重要途径。一矿调度室综采五队党支部严肃党内政治生活，运用党员教育中心、党员活动室、职工书屋等场所，扎实开展主题党日、重温入党誓词、党员过"政治生日"等党内政治生活，实现组织生活规范化、经常化。在党员中开展"六比六争"活动，建立业绩指标量化考核机制，累计对 12 人次奖惩考核 3.5 万元、谈心谈话 8 次，有效调动了党员履职尽责的主动性，为高产高效目标的实现提供了强有力的保障。

（三）加强安全文化建设，努力实现安全长周期。一矿调度室综采五队党支部深入践行"人民至上，生命至上"理念，把牢安全生产关，确保实现安全生产"零"死亡目标。认真落实"3+9"安全文化建设体系，严格执行"上岗三宣誓""上下井排队打旗"制度，设立党员责任区 2 处，党员先锋岗 8 处，全面推行党员"1+5"包保机制，以班内包保为主体，实现党员对 147 名职工包保全覆盖。强化职工安全教育，常态化组织开展典型事故案例学习，深层次分析事故发生原因，吸取事故教训，使职工从认知层面实现从"要我安全"到"我要安全、我会安全"的根本转变。

（四）健全完善素质提升体系，不断壮大人才队伍。近三年，一矿调度室综采五队累计接收劳动预备制学员 79 人，针对职工技能参差不齐的现状，创新实施"十步台阶"素质攀升法，按照理论素养、技能水平，进行分层定级，从高到低分别划分为 A、B、C、D 四大层次、10 个级别。通过组织职工积极参与采煤机、支架、工作溜等井下重点工种的实操培训和导师带徒"传帮带"，每季度组织一次竞赛评比，职工综合素质由 D 层逐渐提升至最高层级 A 层，完成技能素质由低到高的转化攀升，梁康佳、刘强、李明等 8 名劳动预备制学员成为技术骨干，为队组安全生产积蓄了人才储备和力量。

三、取得成效

一矿调度室综采五队党支部品牌项目创建以来，取得了实实在在的效果，初步探索了一条党建与安全生产互促共融的发展之路。支部基础工作实现提档升级，党建资料齐全规范，党内政治生活严肃有序，党员教育扎实有效，顺利通过省国资委"标杆党支部"验收。安全管控稳中向好，特别是面对复杂的地质构造，各类习惯性违章同比降低 60%，大块率降低 70%，准点开机率稳定在 95% 以上，实现了过构造期间高产高效目标。

标准为基　智能为要
全力打造标准化智能化标杆队

华阳一矿综采三队现有职工 156 人，党员 14 人，是一矿采煤一线的排头兵队组。综采三队紧紧围绕"保安全、抓标化、攻重点、严管理、稳生产"十五字方针，在安全生产、标准化提升、高产高效智能化工作面建设等方面稳步推进，为全矿高质量发展做出了有益探索和积极贡献。近 3 年来，综采三队商品煤产量持续稳定在 240 万吨以上，多次获得集团公司"工人先锋号""模范队"荣誉称号，连续多年受到矿党委表彰。

一、在学思践悟上走深走实，强化组织力量建设

综采三队党支部深入开展学习贯彻习近平新时代中国特色社会主义思想主题教育，通过"支委率先学、党员队干同步学、党员群众一体学"，不断提高全队党员群众理论水平及政治站位。党支部认真开展党员"六比六争"活动，充分发挥党员骨干效应，党员当先锋、打头阵、作表率。积极组建党员突击队，以排查设备隐患为切入点，制订详细巡检计划，针对重点线路与设备实施"特巡"，做到早发现、早处理。全面消除各类安全隐患，保证设备可靠运转，开机率达 96%

以上，2023 年实现了连续 6 个月机电事故零发生，为安全生产提供了强有力的保障。

二、在安全文化建设上走深走实，打造本质安全型队组

综采三队党支部以"二五"安全活动、班后会为平台，以"12·60"身心调试、案例警示教育、班前排查为抓手，积极推进"3+9"安全文化体系建设。一是持续深化典型事故案例学习，使职工从认知层面实现从"要我安全"到"我要安全、我会安全"的根本转变。二是严格落实"五清楚、六必谈、七必帮"、一人一事思想工作法和"支部书记进百家"群众工作法，扎实开展形势教育、政策解答等宣传教育，从感情上贴近职工、作风上深入职工、生活上关心职工，确保职工心平气顺上岗，安全健康回家。三是全面推行党员"1+5"包保机制，以班内包保为主体，实现队组职工党员包保全覆盖，引导职工在安全生产、技能提升、思想认识方面逐步提升，营造出积极向上的干事创业氛围。

三、在标准化提升上走深走实，夯实安全生产基础

综采三队按照"宁可不生产，不能不达标"的要求，不断巩固完善安全生产标准化体系建设成果，持续提升"双标"工程，严格履行达标建设主体责任，将"流程标准化、标准流程化"理念和"标准化是实施出来的，不是整理出来的"思想，转化为人人不打折扣落实、人人不讲条件执行标准化具体行动。2023 年，综采三队从创亮点、抓质量入手，打造了 8 个亮点工程，即定制"V"型簸箕、增设工具架、

喷涂专属油漆、制作单体柱防倒装置、装配防砸钢头喷嘴、采取注液枪防脱卡装置、改进梭车防跑车装置和打造独特的质量控制体系。随着标准化工作的不断推进，工作面焕然一新，设备损坏率、消耗率有效降低，现场作业环境明显改善，安全生产形势稳定向好。

四、在高产高效智能化上走深走实，推进"党建+"引领作用

综采三队对标一流业绩，实施"党建+高产高效智能化"工程。一是按照"支部牵头、订单培训、对标总结、提炼推广"原则，利用一矿实训基地、大师工作室和作业现场，大力开展实操培训，帮助职工夯实安全生产技能。同时，坚持"引进来、走出去"，邀请机电工区技术能手对重点岗位职工进行"一对一"授课，提高职工解决井下设备故障能力。选派部分骨干前往设备厂家、兄弟单位和机电厂房进行智能化设备专项学习，持续打造技能人才队伍。二是党员干部积极探索智能化采煤工艺。面对151405工作面全套的智能化设备，综采三队党支部及时召开了支部委员会和党员大会，制定攻坚工作方案，并将全队14名党员平均分配到各个班组和重点作业岗位，以最短时间掌握新设备、新工艺，实现了工作面自动跟架、自动割煤、皮带和煤溜一键启动，探索出一条"自动控制为主+人工干预为辅"的高产高效智能化综采新模式。2023年，151405工作面顺利通过了省智能化工作面验收，9月创造了月产30万吨煤的历史最好成绩，全年完成商品煤产量310万吨，创队史最高水平，圆满实现了高产高效智能化工作面建设目标。

严管理强执行抓落实　让安全生产亮起绿灯

2023 年，一矿生产衔接部开拓四队党支部以"严管理强执行抓落实　让安全生产亮起绿灯"党建品牌为抓手，深入贯彻落实习近平总书记关于安全生产的重要论述和重要讲话精神，牢固树立"安全是管出来的"理念，切实强化安全生产"十真"管理，着力创建"旗·首"党建分项品牌，推动党建工作与中心工作紧密结合、互促共融，努力实现"双融合、共提升"目标。

一、党支部概况

一矿生产衔接部开拓四队党支部成立于 1966 年 4 月，目前下设 2 个党小组，党员 14 名。自成立以来，党支部的政治功能、组织功能不断增强，战斗堡垒和党员的先锋模范作用在"保安全、促生产、增效益"攻坚战中不断彰显，先后荣获集团公司"红旗党支部"、阳泉市"先进基层党组织"等荣誉称号。

二、支部品牌创建具体做法

（一）围绕中心，明确支部品牌创建重点。习近平总书记强调，要始终把人民群众的生命安全放在首位，真正把安全发展理念入脑入心，时刻绷紧安全生产这根弦。一矿生产衔接部开拓四队党支部紧紧围绕安全生产这条主线，明确支部品牌项目，通过抓实制度执行落实、安全生产质量标准化、干部作风转变、素质能力提升、形成干事合力、激发党建活力6项重点工作，深入推进党支部安全生产创岗建区活动，努力实现安全生产无轻伤、各类隐患同比下降60%的目标，推动安全生产再上新台阶。

（二）压实责任，健全完善工作格局机制。"要把安全生产责任制落到实处""安全是管出来的"理念，强化安全生产"十真"管理的要求，都时刻提醒我们必须把责任落到实处、严抓严管。在支部品牌创建过程中，支部制定责任清单，明确责任人、考核标准、整改期限，采取每季一总结、一考核方式，推动创建工作有序开展。建立层层把关、逐级负责、各负其责、团结互助的工作格局，完善"排查一批问题，整改一批隐患，解决一批难题""三个一批"工作机制，排查出安全管控问题36条、队组管理问题24条；整改运输设备37条隐患、机电设备13条隐患、巷道工程质量64条隐患、巷道标准化59条隐患、解决安全管控难题13个，切实推动安全生产上台阶。

（三）真抓实干，推动各项措施落实落地。党建工作做实了就是生产力，党建工作做强了就是竞争力，党建工作做细了就是凝聚力。抓安全，开展"1+5"党员包保工作，队组42名职工实现包保全覆盖；扎实开展安全生产质量标准化达标竞赛活动，主动停产整顿4次，以动态达标保障安全生产。抓生产，针对地质条件差、顶板破碎不稳定等困难，不等不靠、主动作为，15405进风风桥巷和151307进风风桥全部按时完成，为高效生产提供了先决条件。抓素质，认真组织岗位安全生产责任制、自救知识应知应会、《黑色三分钟、生死一瞬间》

事故案例警示教育等培训，"三违"现象同比降低30%。抓管理，加大岗位时时排查、班组班班排查力度，建立安全隐患台账，强化闭合销号管理，及时处理避免"养痈成患"。抓作风，抓实跟班队干、班组长、安全员管现场、管安全作用发挥，盯在现场、管住行为、保证规程措施落实到位，守住安全底线。

（四）规范行为，以文化力提升安全能力。以文育人、以文塑人，深入推进"3+9"安全文化建设，助力安全生产实现长周期。坚持从站立行走、班前"三宣誓"、打旗排队、规范乘坐运输设备、正确佩戴安全帽等细节和小事入手，不断规范职工日常安全行为。坚持推进重点工种实操培训，编制岗位操作要领、"明白卡"，强化"手指口述""一工种一视频"执行落实，让职工严格正规操作，杜绝违章作业。

三、取得的成效

党建品牌创建工作的扎实开展，为开拓四队带来了可喜变化、注入了生机活力，有力推动了全队整体工作实现新提升，圆满实现全年无轻伤安全目标。

成效一：安全工作稳中向好。安全生产标准化水平稳步提升，安全生产质量标准化全部达标，特别是2023年8月、9月在全矿开掘系统连续排名第一。

成效二：超额完成进尺任务。2023年计划685米，实际完成770米，超计划85米，完成计划的112%。

成效三：求新求精氛围浓厚。全队干事创业精气神足，荣获矿2023年度"工人先锋号"称号。

擎旗奋进再出发

"四爱"教育篇

倍加珍惜干事平台　奋发有为奉献岗位

郭盛华

党的二十大描绘了以中国式现代化全面推进中华民族伟大复兴的宏伟蓝图，吹响了奋进新时代的历史号角。华阳集团提出了打造"安全华阳、创新华阳、高效华阳、绿色华阳、幸福华阳"的美好愿景，进入全方位高质量发展的新征程。有着 68 年历史的华阳一矿紧跟时代步伐，全力朝着"五位一体"现代化精品标杆矿井迈进。梦想和现实在这里传承，奋斗和拼搏在这里接续，唯有担负新使命、展现新作为，才能把美好蓝图变为现实。作为一名煤矿企业管理人员，我将倍加珍惜集团公司和矿党政的重托，倍加珍惜广大干部职工的信任，倍加珍惜干事创业的平台，以奋发有为的姿态跑好"接力赛"，做好"新答卷"。

一、学习与工作

学习是提升思想境界、提升本领能力的前提和基础。干好工作的第一要求就是学习，通过学习才能有丰富的知识储备和良好的综合素质。尤其煤矿企业涉及的专业范围比较多，各类系统纷繁复杂，加之随着智能化矿井建设，不断引进新装备、新技术、新工艺等，这就对新时代煤矿管理有了更高的要求，带来更大的挑战。为了推进安全生产工作，就需要不断学习、主动学习和有效学习。

学习的内容很多、范围也很广，要不断地进行理论学习，提高自身的政治素质，做一名有担当有党性的领导干部；学习专业知识，努力使自己成长为"专家"型管理者；学习低碳绿色开采新理念，助推全国绿色矿山建设；学习高产高进高效新技术，争当华阳集团高进标杆示范矿井，为一矿全方位高质量发展蓄能蓄势。

学习既是一件快乐的事，也是一件苦差事，再加上工作任务繁重，想长久地保持学习激情、提高工作效率，就需要"学习工作化，工作学习化"，除了系统学习书本知识，还要在工作中学习、在实践中学习，做到理论联系实际、学用结合。

煤矿企业是特殊行业，也是学用结合的重要场所，它的地质条件、生产系统、辅助系统，不断地发生变化，不断地有新情况出现。在系统地学习后，就要有针对性地解决现场问题。采掘工作面出现构造和生产条件变化时，采取什么支护措施、安全管控的薄弱点是什么、怎么调整设备运行参数、怎么改进施工工艺等，都需要深思熟虑，按照规定要求及时现场踏勘、钻探验证、优化工序和采取有效措施等，在实践中进一步巩固知识、验证理论、总结经验。不断在工作实践中丰富完善知识储量，增强学习能力，使自己的知识和经验转化为具体的工作落实，带领分管系统，完成各项生产经营指标，为企业高质量发展贡献力量。

接下来，要进一步加强对学习重要性的认识，把读书学习作为"终身大事"，通过主动、系统、强化学习，全方位增强自身综合素质，进一步加强在实践中学习，提升解决现场问题和处理复杂局面的能力。

二、差不多与最完美

鲁迅先生曾专门批评过"马马虎虎"现象，胡适先生还写过一篇寓言故事叫《差不多先生》，这是从书本上、课堂上学过的知识，对此我也深有感悟。文章是教育人们在工作和学习上追求认真严谨的态度，杜绝成为"马大哈"。

煤矿是特殊行业，在几百米的地下和大自然做斗争，面对复杂的地质、瓦斯、涌水、顶板等情况，处处有不安全因素，任何一个环节做不到位，就会出现难以想象的灾害。瓦斯监测不到位，会出现瓦斯超限，处理不到位，会发生瓦斯燃烧、爆炸事故；顶板上处理敲帮问顶有"差不多"时，会发生顶板冒落、片帮伤人事故；地质测量出现偏差，会出现无计划贯通、巷道报废等严重后果；"有疑必探"工作马马虎虎、

▲ 井下标准化材料库

不严谨时，会贯通采空区发生透水事故。所以从事煤矿工作，要在安全上碰硬，要一丝不苟，容不得闪失；在技术上较真，要严谨仔细，认真负责。任何人绝对不能有"马马虎虎""差不多先生"的思想和行为。

综观我们的工作，在井下现场还有很多不尽如人意的情况，打造本质安全型矿井的差距还很明显。在安全上，不能做到全面到位，有些干部职工红线意识还不深刻，底线思维的基础不牢；有些作业现场安全设施不齐全，设备的保护不起作用；有些运输环节存在隐患，辅助运输还没有适应安全高效运输要求；等等。在事故隐患处理上，重复性隐患屡禁不止，各类隐患问题处理蜻蜓点水，事故的教训吸取不到位。在现场施工中，距离标准也有很大差距，巷道成型控制不好，存在成型差的现象；锚杆间排距大，布置乱，不成排不成行；料场定制化水平低，标准化水平不高；等等。这些问题和隐患，说明我们还大量存在"马马虎虎"现象和"差不多先生"，需要引起高度重视和警觉。

我们要把一件事做到极致，把"严细实"要求贯穿工作的全过程，在安全和生产中，把工作做严做细做实，真正打造本质安全型企业和高标准标杆示范矿井。

三、职责与尽责

煤矿是比较艰苦的行业，面对高质量发展要求，安全、生产、经营、环保等方面，我们的责任和担子很重，对工作的要求也更高。

煤矿的工作纷繁复杂，井上的、井下的，日常的、突发的，安全上的、生产上的，尤其开掘和运输系统队组多，施工地点也是点多面广，管控的压力一直很大。但系统在动真碰硬方面力度不大，对常见隐患、重复性隐患等处理上手段不多、措施不力，造成安全的基础薄弱。不善于创造性地开展工作，对问题的分析不够深入、思考不够深刻。表现在工作上还是按部就班，在破解系统技术难题上、应对井下现场新变化上没有创造性。

做好新形势下的煤矿工作，需要我们担当作为，需要我们敬业奉献。担当尽责是一种人生态度，不管从事什么职业，不管在什么岗位工作，都要培养"干一行爱一行，干一行成一行"的精神，认认真真谋事，踏踏实实干事。以良好的工作作风凝聚共克时艰、奋发进取的强大正能量，贯彻、落实企业高质量发展的要求，扎扎实实做好本职工作。

职责范围内的事就要担起来，在工作中，遇到困难想办法克服，遇到问题想办法解决。学会正确处理苦与乐、得与失的关系，乐于吃

▲ 井下队组党员先锋岗

苦、甘于奉献，努力以实实在在的工作成绩赢得组织的认可和同志的信任。强化底线思维，发扬斗争精神，时刻保持时时放心不下的精神状态和责任担当，有效应对新征程上的困难和挑战。结合矿井接替需要，加快西部区域工程施工进度，为南北条带大巷联通和新采区等接替创造条件。继续打造高进标杆示范矿井品牌，多措并举强力突破，全面完成综合单进提升目标。多准备出高效工作面，为矿井采掘接替、高产稳产奠定基础。

掌握科学的思维方法和工作方法，是工作制胜的看家本领，只有掌握科学的工作方法，才能提升工作的境界和水平，圆满完成各项工作任务，确保企业高效运转。通过学习《干好工作 18 法》，在学习与工作的良性互动中不断增强本领，用自己的辛勤付出为一矿发展做出应有的贡献。

（作者为一矿副矿长）

浅谈如何在工作中提高职业素养

王素立

拥有良好的工作态度和专业素养对于一个人的职业发展至关重要。通过学习《干好工作 18 法》《善待你所在的单位》等文章，我认识到，良好的工作态度能够帮助我们处理工作中遇到的难题，与同事合作无间，提高自身的工作效率和质量，而专业素养则是我们在工作中所需的专业知识、技能和行为规范。

一、始终保持积极的心态

工作中遇到挫折和困难是常有的事情，保持积极的心态可以帮助我们更好地应对挑战和困难，提高生活质量。我们可以通过调整自己的思维方式，从积极的角度去看待问题，学会关注事物积极的一面，而不是消极的一面，与积极向上、充满正能量的人为伍，从他们身上汲取积极的能量，激励自己更加积极地面对生活。同时，学会控制自己的情绪和行为，不要轻易被外界干扰或影响，通过自我控制，可以更好地保持积极的心态。学会放松自己，如通过冥想、瑜伽、深呼吸等方式来减轻压力和焦虑，让自己更加平静和自信。避免过度关注负面信息或自我否定，当面临困难和挑战时，学会接受现实并积极寻找解决方案，不要逃避问题或埋怨，而是勇敢地面对并克服它们。

二、树立目标和规划

在工作中，我们应该明确自己的目标并制定相应的规划。目标和规划将会使我们有目标意识、有计划地去完成每一项工作任务，并提高工作效率。首先，明确目标的意义，在开始任何规划和行动之前，需要明确目标的意义，这可以帮助我们更好地理解行动的方向和目的，从而确保我们的努力与我们的期望相符。其次，制定明确的目标方向，我们需要制定明确、具体、可衡量的目标，这些目标应该反映出我们的优先级和期望的结果。在制定目标时，我们需要考虑自己的能力和现实条件，这可以帮助我们避免设定无法实现或过于理想化的目标。了解自身的优势和劣势是制订有效计划的关键，这可以帮助我们确定在哪些方面需要改进，以及可以依赖哪些资源来实现目标。在实现目标的过程中，可能会遇到各种挑战。我们需要对这些潜在的挑战有所了解，以便做好准备。

三、对工作负责

对工作负责是培养良好工作态度的关键。我们要认真对待每一项任务，尽职尽责地完成。遇到问题和困难，主动与领导和同事沟通，积极寻求解决方案。首先，要主动参与，而不是被动接受任务，主动参与不仅能提高我们的工作效率，还能增强我们的团队协作能力。当我们在工作中遇到问题或看到潜在的改进机会时，应该积极提供建设性的意见或建议，这有助于提高团队的工作效率和创新能力。其次，关注企业的整体目标，并努力为企业的成功做出贡献，个人的成功与企业的成功是紧密相连的，积极参与有助于实现企业的目标。在工作中，我们还要始终保持诚实守信，遵守承诺并坦诚面对工作中的问题。同时，要尊重他人的意见和想法，避免对他人进行不公正的评论或指责，促进良好的工作环境和团队协作。

四、提升专业素养

除了良好的工作态度，专业素养也是必不可少的。要勤于透明沟通，及时告知他人工作进展和问题，这有助于避免误解和不必要的困扰，提高工作效率。同时，要紧跟新时代步伐，随着科技和社会的发展，我们需要不断学习以适应不断变化的工作环境，提高专业技能和知识水平，更好地应对工作中的挑战。俗话说，学习是为了应用，我们要将所学知识应用到实际工作中，不断提高工作效率和质量，不断

▲ 设备检修

总结经验教训，以便在未来的工作中更好地应用所学知识。

五、建立良好的职业形象

良好的职业形象是培养良好工作态度和专业素养的重要组成部分。保持站立时的端正姿态，收腹挺胸，避免驼背或倚靠他物；保持坐姿端正，避免跷二郎腿或过于随意地倚靠在座位上；行走时步伐稳健，避免摇晃或过于急促；避免一些不必要的小动作，如挠头、摸脸等；交流中使用"请""谢谢""不客气"等礼貌用语，展现出良好的教养和尊重；避免使用粗鲁、不礼貌或侮辱性的语言，尤其是在工作场合；在交流中认真倾听他人说话，不要打断或插话；关注他人的感受和需求，避免使用冒犯或令人不舒服的语言。这些言行举止是不可或缺的，直接能够体现个人的整体素质和形象。

同时，要有良好的习惯，遵守时间管理原则，按时完成工作任务，避免拖延或赶工现象；保持工作环境整洁有序，合理安排工作区域和文件资料放置位置；定期进行自我反思和总结，发现自己的不足之处并制订改进计划。

（作者为一矿副总工程师）

煤炭从业者如何脚踏实地

杜达文

"入企时信心满满、心怀壮志，可经历了时间的磨炼就会出现迷茫和彷徨……"这是每一位初入工作岗位的人都有过的思想变化。殊不知，正是因为有了这样的历练才会使人得到成长。成功的企业永远都是一所学校，而优秀的员工首先要是一名学生，他要学会脚踏实地、学会善作善成、学会技术经验，才能成就自己，成就企业。

心浮气躁，是不成熟的体现，只有学会脚踏实地，才能让自己沉下心来热爱自己的岗位、建功自己的企业、实现自己的价值。作为煤炭行业的从事者更应该学会脚踏实地，因为这关乎着自身，更关乎着集体。这就是我，从初出茅庐的大学生到成长为一名企业基层管理者的深刻感悟。

一、干工作要扎实可靠，力求完美不遮掩

煤矿生产，安全为天。安全是煤矿永恒的主题，是企业效益的保障，安全责任重于泰山，这份责任扛起的是每位矿工的生命、每个家庭的幸福，扛起的是企业的繁荣兴盛。结合一矿高瓦斯矿井的实际，"一通三防"工作的贯彻落实更加显得任重道远，作为一矿通防战线的第一责任者，尽责"一通三防"事业，消除隐患杜绝事故，是我所

时刻放心不下的，更是我时刻牵挂关注的。

"一通三防"是煤矿安全生产工作的重中之重，把住红线、守住底线是全体干部和职工的责任所在。提升"一通三防"管理水平，落实"通风可靠、抽采达标、监控有效、管理到位"，杜绝通风瓦斯责任事故，杜绝"一通三防"重大隐患和实现矿井瓦斯"零超限"、回采"零自燃"是通风工作的总体目标。然而，在生产实践中，由于通风系统涉及事项繁多复杂，各级管理人员在工作上也存在避重就轻的现象，对能说过去的事情便不去深究，久而久之使得在安全隐患排查过程中有了大问题化小问题、小问题化不汇报的侥幸心理，导致井下实时情况得不到真实反映。再者，有些检查人员以其所谓的"老好人"思想，对井下发生的"小违章""轻违章"睁一只眼闭一只眼熟视无睹，并没有起到警示教育、分析杜绝的作用，由此引申出所谓的"老好人"并非真正的好人，而是影响安全管理当中的最大阻碍。

事故的发生往往源于思想认识不高、行为麻痹大意。安全不是一个口号，而是关乎每一位职工生命健康的砝码。所谓牵挂安全就是要注重当下，要充分依法办矿、依规管理，严明"制度管人、流程管事"，教育各级干部加强安全管理责任心，对井下隐患问题真抓实干，管人管事。各级干部要牢固树立"安全是管出来的"理念，全面推行"人人都是隐患排查员"，每一项工作都要严格从"人、机、物、法、环"五个方面进行风险研判，即："注重人员管控，在人员安排上做到超前预想，每一个岗位都要安排思想安全、行为安全的人来做；注重设备管理，在工作之前提前检查设备完好情况、正常运作情况；注重物料规划，超前预想工程量，合理准备工程所需物料，做到衔接无间断；注重工作方式方法，对所有工程要做到措施和安全预想超前，用合理

▲ 对瓦检仪进行检查校对

的方法严格执行施工。注重作业环境预判，现场作业环境要做到细致小心观察和预判，时刻以保障生命财产安全为第一目标。"

二、干工作要时存忧患，常态警惕不推脱

结合工作实际，近年来随着我矿向西部延伸开采，瓦斯压力、含量都已经发生了较以往不同的变化，通风系统在当下发展的关键时刻，就扮演着"急先锋"的角色。身负重要职责，坚决固化集团的"8+3"瓦斯治理模式，积极推进"一优三减"工作，提升"一通三防"管理水平，深知慎思能捕千秋蝉，通风系统如何再优化、有效风量如何再提高、瓦斯抽采如何再超前、实时数据如何再真实、综合防尘如何再达标等一系列发展问题不由让我时刻心起思虑惦忧。

系统搭建，通风为先；增产提效，抽采先行。结合现状，受"时时放心不下"精神内涵引导，通过自省也会发现一些不足。干工作就应该从自身出发，应该在所辖范围内强化全员"大超前"意识，传达"想在前、行在前、事事超前谋划"的工作理念，建立中、长期规划，加快通风、抽采、防治多重能力的系统建设；不断强化系统内全员责任意识，努力实现高标准变化管理、高质量发展，实现更务实的超前管理、更扎实的基础管理的"两高、两更"目标。与此同时，严格落实全员安全生产责任制，做到人人熟悉，全力构建全员安全思想闭合、制度落实闭合，从根本上消除安全隐患。

三、干工作要严于律己，知责自省不懈怠

知责于心，担责于身，履责于行。作为一名党员干部，通过领悟"把自己摆进去、把职责摆进去"的深刻内涵，体会到也寻思出自身目前的不足和需提升之处。例如：学习不够丰富，对新事物、新工艺、新知识的掌握上存在不足，在理论结合实践应用、创新意识方面还有欠缺；对工作督促落实不够严格，在对员工严格要求、严格管理上力度不够，不免有随大流的思想；汲取群众意见和建议不够广泛，与基层交流不够频繁。

通过自省，想让组织放心、让职工放心，首先是要做到严于律己，以责律己，积极落实"第一责任人"责任，不仅要领导、督促本部门以高标准的姿态做好各项工作，更要加强自身以高标准的精神完善不足，更应该进一步提高政治站位，用活用好企业"十真"管理举措。用创新的思维和先进的理念武装头脑，在工作中抓住重点，突破难点。与此同时，更应该进一步加强安全培训，持续以员工证件培训和业务

素质培训为重点，创新培训模式，一以贯之加强职工实操培训质量。加强大局观念，加快推进我矿瓦斯抽采泵站建设和改造工程，持续打造采掘工作面综合防尘示范点工程，高质量助推企业全面发展，高标准保障企业安全生产长周期。

盛年不重来，一日难再晨；及时当勉励，岁月不待人。每个人的生命只有一次，每个人的青春也只有一次，青春不需等待，也不能等待，唯有脚踏实地、勤奋努力，才不会留下"老大徒伤悲"的遗憾，才不会历经"万事成蹉跎"的伤感，才不会空怀"无花空折枝"的慨叹。让我们从此刻开始，脚踏实地地做好一名学生，来热爱自己的企业，来实现自己的价值。

（作者为一矿通风工区主任兼矿长助理）

真抓实干　笃行不怠
以实际行动助推企业高质量发展

高占龙

一颗松动的螺丝，能让飞机从高空中坠毁；随意扔掉的烟头，可以使万顷森林顿时化为乌有。千丈之堤，以蝼蚁之穴溃；百尺之室，以突隙之烟焚。不注意细节，再微小的事都会酿成大祸，做事，忽略了细节，事必难成。

荀子言："不积跬步，无以至千里；不积小流，无以成江海。"千里之行正是始于一步步的足卜，大江大河正是源于一点点的细流。大千世界，芸芸众生，任何事物都是从细枝末节一点一滴逐渐形成的。

业绩都是干出来的，真干才能真出业绩、出真业绩。习近平总书记在浙江考察时对树立正确政绩观提出明确要求："坚持干在实处、务求实效。"

作为一名干部，本人坚持以党的二十大精神和习近平新时代中国特色社会主义思想武装头脑，坚持以学铸魂、以学增智、以学正风、以学促干，特别是结合"爱党、爱国、爱企、爱岗"主题教育活动，利用业余时间，认真研读了《干好工作十八法》《什么叫工作到位》《善待你所在的单位》等文章，本人深受启发，感受颇深，受益匪浅，对做好本职工作具有重要的指导意义，本人将工作法作为开展好安全生产工作的有力抓手，在工作中抓反复、反复抓，以实际行动助推企业高质量发展。本人重点从以下几个方面谈感受，谈体会，谈认识。

一、不要差不多，盯住最完美

习近平总书记强调，一分部署、九分落实。不注重抓落实，不认真抓好落实，再好的规划和部署都会沦为空中楼阁。干在实处，关键就在于以"钉钉子"精神抓部署、抓执行、抓效果，不获全胜决不收兵。

"差不多"是我们平时常说的一句口头语。很多人学习上一知半解、浅尝辄止；工作中只求过得去，不求过得硬，满足于应付了事；单位个别同志心里有着"干好干坏一个样、干与不干一个样""干的越多，出错越多、受批评越多"的错误想法，对待工作"不求出彩，但求无过"的懈怠思想，工作落实上有"差不多就行了"的应付现象。

说到底，就是态度问题。对工作的重视程度不够，责任心不强。当前，正值集团公司高质量发展的关键时期，更是我矿打造"五位一体"现代化精品标杆矿井的重要节点。综合研判当前的形势和任务，我们既面临着严峻的挑战，又蕴含着难得的发展机遇。

安全永远是煤矿的主题。生活在煤矿的我们，在呼唤生命的同时，是否会想到安全的重要性？安全是煤矿的天，安全是矿工的生命。

集团公司旗帜鲜明地提出"安全是管出来的"理念，要在"十真"管理上下功夫，要求煤矿各级管理人员抓严、抓细、抓实安全生产，各项工作出台了系列安全管理规定。作为一名安全管理人员，容不得我们做安全管理的"马虎人"，更要不得"差不多"，必须以身作则明白安全的底线、红线和高压线，筑牢高质量发展的"生命线"，从思想上提高认识，要有不干则已，干则干好，秉承尽善尽美的思想目标，把完成一项工作从"干"的基本要求上升到"干好"高度要求，从注重落实过程转变为注重落实效果。"一通三防"更是涉及整个矿井安

▲ 维修瓦检仪

全平稳发展的系统工程、生命工程，没有捷径可言，更容不得一点"差不多"，我们只有狠抓"一通三防"基础管理，逐级压实责任，优化通风系统，提升抽采标准化水平，严防瓦斯超限，进一步深入现场提高规程措施的科学性和可操作性，紧盯规程措施和现场的精准完美对接。

二、学习工作化，工作学习化

"学习工作化，工作学习化"，就是要在学中干、在干中学，两手抓、两不误、两促进。这是对每个人的工作要求，学习是自我进步、自我完善的最好途径，在日常的工作过程中要时刻有危机意识。学如"逆水行舟，不进则退"，"一通三防"是系统性专业，专业性极强，尤其是现在通风系统面临岗位结构多元化，工作经验参差不齐，需要学习的专业知识太多。所以，我认为要将学习制度化、系统化、长期化、目标化，通过有计划的学习让大家共同掌握专业知识，提高自身业务素质，在工作中要随时记录遇到的难题，总结存在问题，反思和剖析存在问题的原因，找出解决办法。

尤其是"一通三防"工作不仅要依靠专业知识，更要不断总结和积累形成工作经验，有效解决实际工作中的各类问题，才能做到事半功倍。特别是"六项管控"，更是"一通三防"管理的重点和难点，作为一名专业技术人员，只有保持不断学习新技术、新工艺，对表对标，以"时时放心不下"的心态深入现场，通过理论和实际相结合不断夯实自身的安全管理水平，提升业务素质，增强自我风险辨识能力，才能更加有效地履职尽责、按章指挥，从而为安全生产保驾护航。

三、分工不分家，主动补台

团队是一个集体，团结协作、主动补台不只是一种工作方法，更是一种做人做事的品行操守、一种胸怀胸襟。工作中有人补台，就可能避免错误，或是将损失降到最低。很多工作不是哪一个部门能单独完成的，也不是哪一个人能单独完成的。煤矿生产单位更是如此，必须全矿一盘棋。面对井下通风系统业务涉及点多、线长、面广、任务繁重等因素，对各级管理人员要科学分工，合理统筹，把合适的人放在合适的岗位，让特长的人干专长的事，显得尤为重要。不管是管理人员还是专业技术人员，只是工作的分工不同、侧重不同，但是大家只有思想统一、目标一致，才能共进退、同荣辱，同事之间唯有在工作当中相互扶持、取长补短，相互补台、弥补不足，才能为企业创效益、做贡献，体现出自我价值，实现企业长治久安和高质量发展。如果隔岸观火、冷眼旁观、阳奉阴违、秉承看笑话的心态，那最终的结果只有一损俱损，就更谈不上实现个人的自我价值和企业的高质量发展。

团结合作是企业高质量发展的基础和保障，抓安全管理更应该集众人之所思，博众人之所长。作为一名管理人员应如何提升矿井的"一通三防"管理水平，打造安全生产的放心矿井？答案唯有一种，就是我们各级管理人员立足工作实际，压紧压实各级管理人员的责任，大家团结协作把我们每一项工作真正做实、做细、做到位，紧盯安全管理短板和薄弱环节，同时以当前拉网式隐患排查整治为契机，深入剖析风险隐患的根源，采取切实有效的措施，持续不断推进安全生产标准化水平，统筹做好安全生产的各项工作，为我们企业的高质量发展贡献我们每一个人的力量。

（作者为一矿副总工程师）

思路决定出路　行动决定结果

范发龙

按照矿党委的统一安排，我认真学习了《干好工作 18 法》《善待你所在的单位》《什么叫工作到位》等文章。通过学习，有种醍醐灌顶的感觉，不论在思想认识，还是方法应用上都有了质的提高。认真对照平时的工作情况和管理方法，结合自身业务工作和管理能力，查找出自身在方法运用、思想觉悟等方面还存在一定差距。在今后工作中，需进一步加强学习和思考，充分把工作 18 法融入日常工作，以更高的标准、更严的要求去做好每一项工作。下面就如何服务好井下安全生产谈几点自己的体会：

一、以上率下抓管理

俗话说"射人先射马，擒贼先擒王""牵牛要牵牛鼻子"，作为一名部室主要领导，平常工作中在处理问题、解决问题时一定要有主次之分，工作中要抓住关键环节、关键地方，解决主要问题。当前，我矿正处于高质量发展的关键时期，地质构造复杂，水害隐患依然存在，这些都是制约我矿实现安全生产"零死亡"目标，实现高产高效、高进高效等目标的主要矛盾，地质测量部作为业务部室，一定要在地质保障上发挥职能部室应有的作用。利用国内先进技术和手段实现精

▲ 井下水害事故应急演练

准预测，正确指导井下队组实现安全生产；利用防治水"八种手段"探清查明水害隐蔽致灾因素；熟悉掌握关键地点的关键问题，比如，15403 工作面、15412 工作面大型地质构造的精准预测以及指导队组过大型地质构造的调坡问题，15306 工作面疏放临近 15310 工作面采空区积水问题，151406 采空区积水的导水通道探查与治理，15502 工作面内部地质构造综合探测等关键环节，对标国内先进技术和手段逐条去落实解决，杜绝重大灾害事故的发生，确保矿井安全生产。

二、自律自省查不足

毛主席曾说过："人不能没有批评和自我批评，那样一个人就不能进步。"雨果也说过："被人揭下面具是一种失败，自己揭下面具是一种胜利。"只有不断地总结反思，将自己半年或一年的工作理顺条理，寻找不足、发掘优点，积累经验，才能为明年的工作打好基础，在又一年的循环中摆脱平面制约，做到螺旋式的上升。

总结既是经验积累、增长才干、避免重蹈覆辙的重要方法，又是进入研究状态的基础。这就要求我们每做完一件事、解决一个问题都要总结和反思一番。哪些工作干成了，哪些没干好；干得好有什么经验，没干好的原因和教训又是什么。要善于总结，从中吸取经验教训，从而不断提高自己，做好本职工作。比如，去年的15304工作面过大型挠曲和陷落柱构造，我们通过对地质构造的超前预测，准确掌握了煤层的起伏形态和构造的延展方向，在过构造期间实现了过构造不减产，创造了集团公司过构造单月最高产量的纪录。同时，我们在对构造的精准预测方面也存在一定的不足，比如，对小型地质构造还未做到精准预测，是我们应该思考的问题，只有这样经常反思过去的工作得与失，才能取得质的飞跃。

三、善于沟通架桥梁

沟通是心灵的桥梁，通过良好的沟通，我们可以更好地理解彼此。在实际工作中，我们应注意多请示、多沟通，建立畅通的信息沟通渠道，不管是对上还是对下，及时沟通反馈相关工作情况，既能让领导和同事放心，又能及时发现工作中存在的不足之处。特别是遇到问题和困难，要及时向领导汇报，和同事沟通，集思广益，寻找最佳解决问题的办法，更好地完成工作事项。

在平常工作安排方面，班子成员要相互沟通，班子成员与组长要相互沟通，组长与组员之间也要相互沟通，避免一些无谓的失误，避免一些无谓的批评。早请示晚汇报就是这样的道理，遇到自己解决不了的问题，或者自己没有经历过的事情时，一定要沟通，因为别人的一个点子、一句话或许就能让我们少走好多弯路，让我们达到事半功倍的目的。同时，沟通还能加强友谊，联络感情，避免一些无谓的猜忌，并善于与自己有不同意见，或者说是有误解的同事多谈心、多了解，达到增进友谊、促进工作的目的。

四、敢于担当善作为

古人云"任其职，尽其责；在其位，谋其政"。担当是考验党员干部称不称职的基本准则，是党员干部干事创业的基本条件。实现一矿高质量发展，需要我们党员干部冲锋在前，敢于担当，勇于奉献，在自己的工作岗位上干出一番事业，闯出一片天地。党员干部必须将"担当"作为履职标准，坚持学在深处、谋在新处、干在实处，真正做到敢想、敢做、敢当，坚持原则、履职尽责，做到守土有责、守土尽责。以当前深入学习习近平新时代中国特色社会主义思想主题教育为契机，不忘初心、牢记使命，真正把各项工作摆在首位，放在心上。以铁的信念、铁的担当把矿党委对我们的要求和期盼，落实到自身积极作为、开拓进取的实际行动中。

要真正做到敢于担当，需要有善于担当负责的能力。因此，我们要保持在工作中学习、在学习中工作的理念，学习前辈们的工作经验，学习同事们的工作方法，学习各种制度文件、规程措施规定等内容，不断地增强自己的业务能力本领。在本职业务上狠下功夫，吃深吃透各项业务相关政策，对业务知识融会贯通，把平凡琐碎的业务做到极致，把棘手难办的业务做到"门清"，真正成为本职业务工作的行家里手。同时，更要经常深入井下现场，带着问题到现场，利用自己的业务知识解决井下实际问题，在地质构造预测预报准确率方面和防治水技术方面狠下功夫，切实提高地测管理水平和能力。

五、热爱岗位出成绩

俗话说，三百六十行，行行出状元。我们既然选择了煤矿，就要热爱自己的行业，热爱自己的岗位，在自己的岗位上大放异彩，大展宏图。以"四爱"教育活动为契机，教育引导广大干部职工珍惜自己的岗位，热爱自己的岗位，善待自己所在的单位，提高自己的理论水平和业务能力，加大实操培训力度，做到干一行、爱一行、精一行，努力工作，砥砺前行，在平凡的工作岗位上做出不平凡的业绩。

历史车轮滚滚向前，时代潮流浩浩荡荡。新时代的画卷已经打开，让我们用奋进来诠释信念，靠行动来担起使命，为实现一矿"五位一体"现代化精品标杆矿井贡献自己的一份力量！

（作者为一矿副总工程师）

学好工作十八法　争做优秀管理者

张星波

最近，我学习了《干好工作18法》一文。这篇文章精准地抓住了我们工作中最容易犯的错误，详细讲述了干好工作的18种方法，让我受益匪浅。这18种工作方法如同一盏明灯，为我指明了事业前进的方向，同时也唤起了我对企业对自己的种种思考，促使我更加敏锐地审视自己工作中的点点滴滴。我深深地感悟到，要想做一名优秀的管理者，必须要具备良好的素质，把握正确的工作方向，善于运用好的工作方法，从而达到事半功倍的效果。

一、高标准，严要求，精益求精提质效

日常工作和生活中，我们经常听到用到"大概""差不多""好像是"等词语。这些词本身没有错，就看它用在什么地方，如果用在衡量工作的完成情况上，那么它代表的就是"模棱两可""含糊其词"，代表的就是一种"敷衍了事""应付差事"的工作态度。"不要差不多，盯住最完美"这一方法讲的就是这个道理。工作中"差不多就行了"这句话，导致了我们多少次"差得太多，不行"的结果。这样的例子数不胜数，比如：我们使用的钢丝绳磨损严重，懒得检测，目测一下感觉差不多，继续使用，这无异于给安全生产埋了一颗定时炸弹；日常的标

准化检查中，轨道质量不合格，轨缝大，左右错差，高低跳台，这看似不起眼的几毫米，不仅加大了后期的维护成本，更重要的是给运输埋下了安全隐患；月度考试中，人人满足于及格过关，殊不知，扣掉的那几分意味着安全操作中可能出现的失误甚至是错误，真要在工作中遇到那个扣分项，那不是自己给自己提前挖坑吗？安全管控效果不佳，职工的安全意识淡薄、思想麻痹，习惯性违章屡禁不止……诸如此类的例子还有好多，究其原因，主要就是"差不多"思想在作祟。

二、善于学习，勇于创新，与时俱进

"学习工作化，工作学习化"，就是要我们始终把学习当作工作一样来对待，把工作岗位当作学习的平台。事实上，敷衍学习、应付学习的现象屡见不鲜。一大部分人甚至觉得学习是"爱学习"人的事，和自己无关，这其中不乏一些年轻的领导干部，他们满足于现状，认

▲ 井下新时速人车

为自己的那点文凭学历能够一劳永逸，应付日常工作绰绰有余，不需要深造，过着"躺平式"的日子。"学习"反映在技术方面，更是不容置疑。单从我们运输专业的发展现状就不难看出，目前正处于新技术新工艺与传统运转模式共存的关键时期。新时速人车、无极绳连续牵引梭车、架空乘人装置、无轨胶轮车等，尤其是近年来推出的智能化矿井建设项目，所有这些对我们来说都是新的挑战。技术人员缺乏创新精神，业务素质和能力与现代化的新设施新工艺不相匹配，日常的故障检修依赖厂家，技能型人才极度匮乏，技术上的学习创新迫在眉睫。如何学习，实现创新？一味去学习，肯定是片面的，我们要与自己的工作实际结合起来，把学习当工作对待，把岗位当学习的平台，不断提升自我，做到与时俱进。

三、团结协作补短板，真抓实干见成效

俗话说"众人拾柴火焰高"。一个人的能力是有限的，团队合作能够整合团队成员的不同能力和知识，从而实现共同的目标。"分工不分家，主动补台"这一工作方法讲的就是要团结协作、相互扶持、取长补短、相互补台。说到这里，我想起我们工作中经常出现的一种分工状态。比如，工区接到一项任务，为了公平公正，于是安排每个队各自完成一份，然后上交。当然，一个队的条件和能力肯定是有限的，完成的效果也可想而知。如果从开始就抛开"平均主义"，集全队之智，精心组织，那么最后代表工区完成的项目绝对是高水平高品质的。当然，要想达到这一效果，首先要去除攀比心理，人人具有团队精神，要有凝聚力，不要觉得自己比别人多干点，仿佛吃了多大亏似的。或者是，别人干活，感觉和自己无关，认为多一事不如少一事，

装聋作哑，甚至是隔岸观火，冷眼旁观。这就要求我们一定不能把团结协作停留在口头上，而是要落实在行动中。

四、认真履职尽责，敢于担当作为

"自觉按职能职责做事，永远忠于职守"这一方法说明，处在什么岗位就要履行什么职责，岗位就是责任，职务就是责任。仔细梳理我们的工作不难发现，我们的干部缺乏雷厉风行的执行力，工作拖拉凑合应付的现象时有存在。工作计划不周密，落实不到位，最终的结果就是交办任务完不成，工时利用率不高，工作效率低下。从职工违章屡查屡犯这一现象，折射出来的是队组的管理松散。领导睁一眼闭一眼的做法，助长了工人想钻空子的错误思想，岗位工习惯性违章，是现场管理人员管理粗放、严重失职的表现。看似防不胜防不可避免的事故背后，实则是萌生于日常被忽视的隐患，潜藏着管理上的诸多漏洞，也充分说明我们的一些干部，管理水平不高，工作方法不当。在工作中，凭感觉靠经验，不讲究方式方法；管理上，要么松松散散，要么"以罚代管"；职工思想工作隔靴挠痒，没有从根源上查找问题，给安全生产留下了隐患。我们唯有强化干部的责任意识和担当意识，居安思危，防微杜渐，充分发挥现场监管作用，才能确保安全生产。

《干好工作18法》如同一剂良药，治愈了我们管理上的顽疾，让我们明白好的工作方法的重要性。我们要怀着对企业担当、对职工负责的心态，运用好《干好工作18法》，真正成为一名让企业放心、让职工满意的优秀管理者。

（作者为一矿副总工程师兼工区主任）

干好工作的格局与方法

朱俊臣

近期，我以开展学习贯彻习近平新时代中国特色社会主义思想主题教育和"爱党、爱国、爱企、爱岗"主题活动为契机，重点围绕《干好工作 18 法》《善待你的单位》《什么叫工作到位》等文章进行研读，深刻了解到工作中只有掌握科学的工作方法，才能在价值观层面得到洗涤和升华，才能保证各项工作高质量完成。

一、以高标准的姿态来履职尽责

俗话说"态度决定高度"，目前，本人身处党委办公室工作岗位，部门业务为组织、宣传、共青团、党办，作为部门长，深知责任重大，在工作中，我要树立更加积极的态度，去认真完成上级交办的任务。不仅要协调排布好部门各项工作正常运转，还需要负责全矿各党总支、党支部日常工作部署，直接管理和服务全矿各级党组织及全体党员的工作。

通过学习反思，总体概括为要避免出现三种心态。一是不能抱着"差不多"的心态去干工作。"差不多"这种现象在企业中也算是一种常态，一定程度上表现在开展日常工作存在敷衍现象。作为矿党委工作的执行部门，小到一个通知、大到筹备党代会，出现一点差错，都可能给企业造成不可挽回的影响，所以说这种"差不多"的心态要坚决避免。二是不能抱着"妥协"的心态去干工作。面对当前党务工作错综复杂的局面，在实际工作中偶尔会存在"只求过得去，不求过得硬"的心理，一定程度上对工作进行"妥协"。例如，目前从事的党务工作涉及全矿的组织、宣传、党办、团委等业务，涉及面广，迎检次数频繁，自身就会存在对工作进行轻重缓急区别对待的情况，对集团公司以及上级检查就会重视，对矿内定期报送的一些信息、总结，则仅限于满足"交办了""完成了"，没有对后续工作是否取得成效、是否还有不足进行深刻反思，导致在一些工作上还存在欠缺。三是不能抱着"顾及面子"的心态去干工作。日常大多数工作是代表党委开展各项业务，接触各部门、系统负责人比较多，偶尔自己会把自己摆在很高的位置，经常按照自己的思路来安排部署，很少听取别人的意见建议，长此以往可能会导致工作效果不佳。

通过自身对照，我觉得在以后的工作中，对待工作要一视同仁，要有严谨对待每一项工作的习惯，决不能忽视任何细节，要有敢于攻坚克难、敢于担当作为的思想意识，做到善于思考、总结提炼、勇于创新，切实扛起党务工作者应尽的职责。

二、以大局观的意识来统筹谋划

腹中天地宽，常有渡人船。作为一名管理人员，就需要有大局观和全局思维，在《干好工作18法》中就提到"长计划、短安排、立即做""日清月结，有条不紊""事情要一桩一桩地干""急事缓办、缓事急办"等内容，这些都告诉我们要树立大局意识，从部门乃至企业整体和长远的角度思考和开展工作，才能保障各项工作可持续发展。

在日常工作中更是要认真、谨慎，有计划、有安排、有落实，如果工作中没有计划，就无法区别主次和轻重，也没有重点目标。通过自身对照，在以后的工作中要增强大局观念，准确来说就是要做到"多思考""长看待""抓根本"。"多思考"就是要在每件工作上都要从多方面、多角度进行分析和处理。就如"盲人摸象"，要避免片面的经验和单一的视角，部门间出现分歧的原因就是不能站在其他部门的角度来思考问题进行决策。"长看待"就是要从长期的视角来看待问题，不能只顾眼前。"抓根本"就是在处理问题时不拘泥于细枝末节，而要抓住问题的根本。一名管理人员，在做任何决策时不能仅满足于现状，要从其中的薄弱环节入手，找到根本，这样在解决问题时才能"一针见血"，工作质量就会提高一个层次。

对所有工作要做到提前谋划，合理安排，持续增强"超前意识"，在部门排布工作时要提前考虑多重因素，长远规划。同时，作为部门长，要加强团队的凝聚力，多与各业务口分管干部、干事们进行沟通，切实做到事事有交代、件件有着落、事事有回音。

三、以高站位的思想来强化学习

读书破万卷，下笔如有神。"学习工作化、干工作学习化""注重积累、始终在研究状态下工作"说起来容易，能够坚持的人很少，就如在日常工作中，我们往往存在"重工作、轻学习"的现象。总体而言，工作与学习两者之间相辅相成，只有在工作中不断学习，通过所学内容在工作中印证，才能促进全面发展。一是要把学习作为长期的己任。进入新时代以来，习近平总书记特别强调学习强国

▲ 情景式党建业务竞赛

的思想，我们应该深刻认识到学习强身、学习强企的道理，学习永无止境，作为一名党务工作者，更要时刻从学习的角度出发，把学习作为自己工作和生活的一部分，才能不落伍、不掉队，及时适应新时代要求。二是要把思考作为实践的根本。有思路才有出路，才能不断创新，学后要善于思考才能从中"取经"。正如在近期开展学习贯彻习近平新时代中国特色社会主义思想主题教育的总要求中就提到了"学思想"和"重实践"，告诉我们在学习中思考，在思考中实践，做到两手抓、两不误、两促进，在学习过程中结合实际工作，在工作的过程中感悟学习，真正意义上相互启发、相互促进，这样才是学习思考与工作实践相结合的现实意义。三是要把提升作为最终的目标。我们经常讲要提升自己的理论水平、业务能力、综合素质，怎么提升？那就要从学习开始。"学如逆水行舟，不进则退"，在做好本职工作的同时，必须沉下身子、静下心来、置身其中，广泛了解自身工作所涉及的业务知识，做到底数清、情况明。只有通过在工作中坚持问题导向，不断深入基层调查研究，持续提升自身的专业素养、方法判断和综合能力，使思维定式不断攀登到一个更高的格局和水平，把学习作为一种精神追求、一种工作状态、一种生活方式，才能保证每项工作最终的效果和质量。

通过几篇文章的学习，我深刻领悟到了工作方法的重要性和必要性，对我转变思想作风、学习作风和工作作风，提供了全面而有效的指导和鞭策。这些方法不仅有利于提高工作效率，更有利于提升个人能力素质，激发干事创业热情，在岗位中实现自我价值，为一矿的高质量发展贡献自己的部门力量。

（作者为一矿党委办公室主任）

以实干为桨　共建幸福一矿

杨育君

大道至简，实干为要。从孔子的"君子耻其言而过其行"到列宁的"不做思想的巨人，行动的矮子"，再到"空谈误国，实干兴邦"，无一不在论述实干的重要意义。最近，我认真研读了《干好工作18法》《善待你所在的单位》《什么叫工作到位》等文章，同时，结合当前"四爱"活动和主题教育活动的开展，我受益匪浅，感触良多，遂写下个人的一些心得体会，愿与大家共勉。

一、树牢学习意识，提升综合素养

毛泽东说过："有了学问，好比站在山上，可以看到很远很远的东西；没有学问，如在暗沟里走路，摸索不着，那会苦煞人。"想要增长学问智慧，读书学习是制胜法宝。比如，我最近认真研读《干好工作18法》《善待你所在的单位》《什么叫工作到位》等文章后，顿觉醍醐灌顶，获益良多，如暗夜遇明灯，如汪洋遇灯塔，也深深地体会到了歌德所言的道理：读一本好书，就是在和一个高尚的人谈话。我们日常工作更要以读书为桨，以学习为帆，要学好政治理论知识，不断增强政治判断力、政治领悟力、政治执行力；要学好业务知识，不断提升解决问题、服务职工群众的能力和水平；要博览群书、博闻强识，不断提升自己的综合素养，只有这样才能紧跟时代和企业的发展步伐，为企业贡献智慧与力量。

二、树牢看齐意识，力争尽善尽美

李世民《帝范·崇文第十二》有言："取法于上，反得为中；取法于中，故为其下"，就是说：我们设定了高标准，最后可能只能达到中等水平；而如果制定了中等目标，最后有可能只能达到低等水平。这也是高标准、严要求的意义所在。反观我们的日常工作，尤其是体制内的工作，大多数人都抱有"差不多"的心态、"差不多"的要求、"差不多"的标准，最终结果毋庸置疑，肯定"差很多"。任何工作都怕"认真"二字，创先争优，精益求精，专注细节，是我们对待工

▲　开展传承孝道　致敬母亲主题活动

作应有的态度。例如，今年在接待阳泉市人大常委会副主任、市总工会主席张俊堂带队来我矿调研时，我们只是按部就班地打印出领导的汇报材料，未能想到将我矿的汇报材料打印成册，发放给每位调研领导，仅仅是一个小小的细节考虑不周，就失去了一次宣传我矿的良好机会。

三、树牢大局意识，主动补台不拆台

清末经史学家陈澹然在《寤言二·迁都建藩议》中有言："不谋万世者，不足谋一时；不谋全局者，不足谋一域。"即不能长远地考虑问题的人，眼前的问题他也看不到；不能全面地把握局势的人，在细节上他也处理不好。反观我们的日常工作，团结协作，相互补台不拆台就是一种大局意识的体现。作为党员干部，我们决不能做"三客"，即：不能做"事不关己，高高挂起"的"看客"，不能做搬弄是非、口蜜腹剑的"说客"，不能做不作为、慢作为的"过客"。上下同欲者胜，风雨同舟者兴，同舟共济者赢！当前，正值深化"五位一体"现代化精品标杆矿井建设的关键时期，全矿上下唯有共下一盘棋，拧成一股绳，一张蓝图绘到底，才能再创骄人业绩，高高举起我矿的"一"字大旗。

四、树牢责任意识，努力担当作为

美国前总统奥巴马在就职演讲中说："这是个要负责的新时代，这个时代不是逃避责任，而是要拥抱责任！"责任，是干事创业的基础。责任出勇气，责任出智慧，责任出力量。责任心强，再大的困难也可

以克服；责任心差，很小的问题也能酿成大错。在日常工作中，诠释初心使命的最好方式就是履职尽责，做到在其位尽其责谋其事；坚决不能当得过且过的"撞钟先生"、滥竽充数的"南郭先生"、是非不分的"东郭先生"和不低不高的"差不多先生"。当前，中青年干部职工可谓是企业的中流砥柱，诠释责任，不靠表白，靠"实干"，要不断提高自身素质，解决本领恐慌，勇担当、能担当、善担当，敢于在"吃劲"的岗位上磨炼摔打，以"老黄牛"品格和"千里马"气势埋头苦干，才能为企业做出更大的贡献。

作为工会干部，如何诠释我们的责任？就是要牢固树立宗旨意识，坚持问需于职工、问计于职工，切实实现好、维护好、发展好职工群众的根本利益。要以新时期产业工人队伍建设改革为主线，持之以恒推动职工技能素质再上新台阶；大力拓展"双务"公开渠道，对职工群众关心关注的工资奖金、招聘调动等焦点问题做到公正、公开、透明，让权力在阳光下运行；在涉及奖金和生活福利待遇等方面，努力做到应保尽保；持续开展金秋助学、大病互助、扶贫解困送温暖活动，实施困难职工"标准化""精准化"帮扶；积极开展职工群众喜闻乐见的文艺活动，让职工的精神食粮更加丰富充盈，切实增强职工群众的归属感、获得感、幸福感。通过扎实有效的工作落实，进一步延伸拓展"匠心之家""暖心之家""清新之家""温馨之家""文化之家""安康之家""六家"品牌建设，努力唱响"咱们工人有力量""咱们工会有作为"主旋律。

具体来说，要重点做好以下几项工作。

一是加强职工思想政治引领，高质量开展党的创新理论宣讲。坚持把引领职工听党话、跟党走作为重要政治任务挺在前面，致力打造党的创新理论学习宣教矩阵，开展全方位宣传宣讲，构建立体化宣教阵地，打造全时段学习课堂，积极构建矿、区、队三级联动的职工书屋建设机制，组织实施"固定书屋、流动书屋、网络书屋"三屋共建工程，充分发挥"职工书屋"在强化理论武装、加强思想政治引领上的先锋宣教阵地作用，以理论上的清醒强化政治上的坚定。

二是充分发挥工会"大学校"作用，把建设知识型、技能型、创新型产业工人大军作为服务企业高质量发展、深化产业工人队伍建设改革的重要任务来推进。充分用好实操培训、技能竞赛、五小创新、劳模引领"四个抓手"，大力实施"职工素质提升工程"，让创新人才、高技能人才不断涌现。

三是大力实施"职工生活品质提升行动"，全心全意为职工办实事、办好事、解难事，纵深推进"五送"服务，即长效帮扶"送温暖"、身心关怀"送健康"、情暖职工"送爱心"、惠民服务"送真情"、依托网络"送便捷"，真正当好职工群众的"知心人""贴心人"和"娘家人"，不断增强职工群众幸福感、安全感和归属感。

四是创优工作机制，在构建企业和谐劳动关系上亮作为。始终坚持维护职工合法权益，努力构建和谐劳动关系，发挥职代会整体协调作用，推进企务公开民主管理走深走实，优化企务公开内容，拓展企务公开途径，形成 4 个规定动作（召开专项会议、设立两级公开栏、定期开展职工代表巡查、推进"智慧公开"建设）加 1 个自选动作（延伸企务公开民主管理触角，职工群众知情权、参与权、监督权、表达权得到有力保障）的"4+1"企务公开形式，确保权力在阳光下运行。学习宣贯法律法规，依法维权管会在路上，积极助力企业和职工共同发展。

五是坚持用先进矿山文化凝聚职工，主动适应新时期职工队伍思想状况的新特点新变化，不断探索职工宣教工作新形式新途径，让文体活动"火"起来，让女工活动"靓"起来，让文化阵地"香"起来，让文宣品牌"响"起来，涵养有品位、有亲情、有诗意、有情怀的一矿职工文化。

六是在积极营造安全发展环境上勤努力，引深"人人安全"活动。健全安监网、群监网、女职工家属协管安全网"三网联动"机制；建树"安康杯"竞赛品牌，创建"五星级井口群众安全工作站"；充分发挥女工家属协管安全员"半边天"作用；厚植矿山安全文化，牢固树立"安全是管出来的"理念，强化"不安全不生产"共识，在"十真"上下功夫；纵深推进煤矿事故案例宣讲活动进基层、进班组，确保职工入脑入心；持续创优安全生产环境。

道虽迩，不行不至；事虽小，不为不成。离开实干的担当，口号喊得震天响势不能开花结果；没有担当的实干，遇着难题就绕路定不会取得实绩。当前正值企业高质量发展的关键时期，让我们坚定逢山开路的信心、下定滚石上山的决心，永葆干事态度、涵养实干精神，同心同德、同向同力，用新担当和新作为，为共建幸福一矿努力奋斗。

（作者为一矿工会副主席　直属党支部书记）

铭记爱党爱国爱企爱岗的奋斗初心

魏新龙

对奋斗者最好的致敬，就是书写新的奋斗历史。请不要慨叹我们的渺小与平凡，也许我们还在一个不起眼的角落舞动青春，也许我们还在一堆文字材料中敲打岁月，也许我们还在漆黑的井巷中艰难摸索……但是不管我们身处何地，无论我们身居何位，只要沉下心来，脚踏实地，辛勤耕耘，我们就会在平凡的岗位上创造不平凡的业绩，就会成为企业发展大潮中一朵绚丽的浪花，就会为自己有限的生命奏响永恒的乐章。

走出校园踏入工作岗位，就是人生的一种转折。那么如何在有限的时间里干好工作，体现价值实现抱负？唯一的选择就是保持奋斗的初心来爱党、爱国、爱企、爱岗。

一、保持"舍我其谁"的担当

担当是一种境界、一种态度，更是一种责任、一种行为。身为新时代的党员干部，要敢于担当、勇于担当，认真学习领悟，抓好贯彻落实，进一步树立"舍我其谁、敢于担当"的理念，这是我们每一个党员干部都应具备的基本素养。经历了从学校到企业的蜕变，我现在已成长为企业基层的党总支书记，肩负着干部、职工思想教育和党建工作第一责任人的职责。我深知，担当不仅是身为共产党员要具备的政治品格，更是身为企业干部干事创业的使命所在。只有不断地自我更新，才能永葆奋斗者的初心。工作中我们要持续保持有担当的意识，要有攻坚克难、敢于担当的勇气，要有"明知山有虎、偏向虎山行"的魄力；要持续保持有担当的本领，要敢于啃硬骨头、抓硬问题，勇挑重担；要持续保持有担当的能力，要善于学习思考、总结提高、与时俱进，不断提升担当的能力，担负起自身的责任和义务。

作为一名党总支书记，我深知，没有科学合理、扎实有效的政治思想觉悟，安全生产就会偏离方向；没有合理的安全培训，安全生产就会紊乱无序；没有精准的职工思想及动态摸排，安全生产就会屡受困阻。在其位任其职，我不仅要通过扎实全面的专业知识来抓干部监督、职工思想教育、煤矿安全培训及党风廉政工作，更要具备敢于担当、勇于创新的精神，扛起党总支书记职责，做党建引领安全生产的"举旗人"。

二、保持"一心为企"的情怀

身为党员干部，人民对美好生活的向往就是我们的奋斗目标。身为企业干部，企业兴旺发达的前景就是我们的奋斗目标。习近平总书记指出："国有企业干部领导肩负着实干兴邦、实干兴企的崇高使命和历史重任，要始终坚持实字当头、干字为先，做新时代敢干事、善干事、干成事的实干家。"作为国有企业干部，我深知心有所信，才能实有所为，心存情怀，方可行远。唯有坚守"不忘初心"的使命，毫无条件地坚信党、忠于党才能做一名合格的干部。唯有永葆"一心为企"的情怀，毫无保留地恪守职责方能做一名优秀的实干家。结合

▲ 学习安全1号文件

自身体会让我深知更要注重当下，我们必须牢固树立安全为天的生产理念，强化安全培训工作，必须强化各级干部的超前意识，把"超前预想、超前考虑"的工作观念灌输到所属部门的每一位干部当中去。根据生产需求和要求，在规程措施、图纸审核等方面超前将以后可能发生的变化、受到的影响等多重因素考虑全面，长远规划。必须要重视高技能人才的培养，不断对现行制度补充完善，通过正面支持、正向激励的方式，充分调动广大职工"学技术、当人才、成工匠"的积极性，营造"人人钻业务、人人懂技术"的学习氛围。

三、秉持"如履薄冰"的敬畏

习近平总书记多次强调，当干部要经常临事而惧，要经常有睡不着党、半夜惊醒的情况。身为一名基层党组织书记，同样也是煤矿安全生产的管理人员，深知煤矿工作本身艰辛，井下生产24小时连贯运转的高强度作业性质，对每一位作业人员尤其是管理干部有着相当高的要求。且井下条件复杂多变，"小毛病、小问题"层出不穷，每一处细小的不严谨都可能随时延误生产。作为搞思想教育的第一责任人，我明白唯有以时刻警戒的思想，时时放心不下、刻刻准备待命的姿态才能扛起党建引领这杆大旗。同时我也体会到，只有不断地自我完善、自我革新，在嘈杂声中锤炼品格、砥砺进取，才能切实履行好自己的职责。

结合自身对照自省，我深刻体会到干好工作就要时刻警惕，秉持"如履薄冰"的敬畏，真正领悟"如临深渊、如履薄冰"的价值追求，同时在实践中发现自身不足和提升之处。我们要争当"理论家"，不断学习和丰富自身业务知识，夯实专业基础，将理论知识与实践应用充分有机结合。做思想政治工作要争当"全面手"，在总支书记的岗位上，更应进一步全面了解全工区各方面的实际，为党建引领安全生产打好基础。

四、心怀脚踏实地的专研

坐在办公室碰到的都是问题，深入基层看到的全是办法。老问题之所以成为"老大难"，是因为还没有找到新办法、好办法，那么新问题之所以成为"拦路虎"，是因为老办法不好用、不管用。煤矿企业的思想政治工作对其安全管理尤为重要，在煤矿的生产过程中，安全生产是其必须坚持的生产方针。那么如何更好地将安全生产理念贯彻到煤矿生产的具体环节中，加强煤矿企业的思想政治文化，已经成为迫在眉睫的发展大事。只有不断地加强煤矿企业的思想政治建设，才能有效地发挥"安全第一、预防为主"的生产策略。只有搞好思想政治工作，才能够从根本上预防煤矿生产事故的发生。

通过开展专项的思想政治工作，对企业的生产员工进行安全知识以及安全操作技能的培训、考核工作，确保相关的生产人员能够在熟练掌握安全知识以及生产操作技能的基础之上，安全从事煤矿生产的各项任务。在煤矿企业进行思想政治工作时，应充分利用鼓励、宣传、引导、教育等形式，拉近企业管理者与生产人员的距离，使生产人员能够静下心来，认真接受思想政治工作的教育，进一步强化生产人员的安全防范意识。同时，要不断深入职工群众当中，及时了解职工群众思想动态，多层次全方位地调查研究，想出更好的、更实际的、更具有实效性的办法来开展煤矿企业思想政治工作。

爱国爱党是最美的拳拳初心，爱企爱岗是最鲜亮的人生底色。无论是在革命战争年代、伟大复兴征程，还是在企业改革转型、推动高质量发展的新时代，这份大爱始终凝聚着矢志不渝的奋斗伟力，激荡着继往开来的光荣使命。若欲实现理想、体现价值，就应永葆初心不懈奋斗。新征程的号角已经吹响，新时代的接力棒已经交到新一代产业工人手中，让我们锻炼好勇挑重担的"铁肩膀"和"硬脊梁"，高扬奋斗之帆，点燃奋斗之火，不负企业重托，不负美好时代。

（作者为一矿通风工区党总支书记）

从"工作"说开去

田寒文

古人以"正心、修身、齐家、治国、平天下"为人生理想，是传承几千年的文化精髓，也是古往今来的志士之责。作为一名煤炭行业的基层管理者，多年受党教育的政工干部，我受传统文化熏陶，始终抱持着如临深渊、如履薄冰的态度，将初心和使命扛在肩上，踏踏实实做好每一项工作。

党的十九大以来，全国各族人民团结奋进，为实现中华民族伟大复兴的中国梦不懈奋斗；党的二十大召开以后，我们在工作中全面贯彻习近平新时代中国特色社会主义思想，以推动高质量发展为己任，在各自岗位上，自信自强、守正创新、踔厉奋发、勇毅前行。

在集团公司"爱党、爱国、爱企、爱岗"主题教育活动中，我先后研读了《善待你所在的单位》《干好工作 18 法》《什么叫工作到位》等文章，并进行了深入领会。在此过程中，我反刍了二十多年的工作经历，对照每一阶段的工作要求，体会颇深，收获颇丰。

一、思考工作意义，重新自我定位

人生一世，大致可以分为三个阶段：蓄能期、释放期、舒缓期。从每个人呱呱坠地开始，就一直在积蓄能量，为独立生存做着准备；

经过不断学习实践后，每个人都会找到一个适合自己的位置，奉献自己的劳动成果，得到客观肯定，为安身立命做着努力；几十年之后，退出劳动序列，成为社会供养的对象，但仍然在某些方面继续发挥着自己的作用。在这个演进的过程中，"工作"成为生活不可或缺的支撑，也占据了人生最大的一个时间段。

那么，工作之于我们究竟是什么？我认为，有以下几点：

第一，生存之基。从原始社会开始，人们就懂得要通过劳动获取生存必需品，进而形成了推动社会发展的生产关系。作为社会个体，每个人都有生存的需求，而满足这个条件的根本，就是有一份稳定的工作。有一个形容幸福生活的常用词汇，叫"安居乐业"，侧面折射出，普通人对职业稳定的硬性需求。人们在工作当中付出精力和能力，得到相应的报酬，用于维持和改善自身生存品质。这也是激励人们同心同德、团结向前的不竭动力。

第二，价值之径。"十年寒窗读书苦，一朝成名天下扬"，是古人读书的意义。当代人刻苦攻读更胜十年寒窗，为的是步入社会能有一份岗位稳定且待遇优渥的职业。纵然工作本身不分三六九等，但在证明自身价值的过程中，却是高下立见。不同的学历对应不同的岗位，这也是现代父母不断内卷的根源。如果说工作满足了生存的最低层次需要，那我们还应该感谢工作给我们提供了展示自己的平台，让我们有机会通过劳动，释放自己积累的知识、经验，去证明自己的被需要，实现自己的社会价值。

第三，社交之桥。工作不仅是岗位，更是一种生活秩序，在这个稳定的框架中，人们建立了适合自己的生活习惯，也在与周围的联系中满足了社交的需要。人类是社会性动物，沟通与交流是与生俱来的特性，工作这座特殊的"桥梁"可以提供安全且稳定的社交环境和对象。在工作几十年的进程中，人们逐渐固定自己的思想、习惯、行为模式等，成为一个越来越成熟的社会生活参与者。

结合马斯洛的需求理论来看，工作的不同阶段，可以对应满足人的各层次需求。初入职场，固定的岗位可以满足生理需求，维持自身生存；同时，固定的工作模式可以满足安全需求，摆脱朝不保夕的忧虑；随着工作的深入，与同事之间的互动联系会越来越多，形成固定的交际圈层，满足个体社交需求，归属某个群体；随着职业晋升，个体内在价值被领导和同事肯定，外在成就得到认可，满足被尊重的需求；最后取得工作业绩，满足自我实现的需求。

从这个角度讲，不是工作需要我们，而是我们离不开工作。

▲ 铁路装车线上忙碌的职工身影

二、从《善待你所在的单位》一文中培养爱企情感

人生两部分，工作和生活。工作是生活的手段，生活是工作的目的。认识到工作的重要性，就更应该感恩企业给予的机会。

善待所在单位，就是要珍惜自己得来不易的工作岗位，这是每个人生活的平衡点；就是要珍惜自己身边的同事，他们是随时可以帮助你进步的朋友；就是要珍惜自己已经拥有的，这是失而不易再得的人生财富。而这些都是"单位"赋予你的，要时刻抱着感恩的心态，热爱企业，忠于企业，做好每一项工作任务。

三、从《干好工作 18 法》一文中汲取管理智慧

"思为行之始，行为思之成"，任何理念都需要实践去验证，达到知行合一之境。在研读经典文章的同时，我在实际工作中不断精进工作方法，在安全生产、思想教育、队伍建设、为职工办实事等诸多方面取得了较好的成效。

（一）摒弃"差不多"思想，用心搞好安全生产。"差不多"是我们平时常说的一句口头禅，也是我们习以为常对待各项工作的态度和"标准"。在实际工作中，看惯了、习惯了、干惯了的"差不多"先生大有人在，这也恰恰是安全生产过程中的大忌和疑难杂症。从上到下一级一级"差不多"，到了基层就会"差很多"，在执行标准化和安全管控上不严格，就可能出现"上错一点、下错一片"的恶性循环；操作流程不严谨就可能发生安全事故；跟班现场监管不严格，安全生产就无从谈起。长此以往，"差不多"就会给各级干部、职工造成麻痹松懈思想，导致各类零打碎敲事故发生，甚至会造成不可挽回的结果。

因此，首先从制度上杜绝"差不多"滋生的环境。要牢固树立"安全是管出来的"理念，进一步健全干部跟值班制度，分管领导、跟班队干"一岗双责"，规范早晚会议碰头、周例会通报、月度隐患排查、标化月度推进等管理构架；完善班前定人定事、班中严格管控、班后分析总结；利用"二五"活动开展"理论＋实操"培训，"12·60"安全包保建档、干部到现场、进百家等日常管理机制。

其次从管理人员入手，强化对各类隐患和危险行为的识别、梳理、分析、整改，从而有效提高职工安全意识和本质安全的工作环境，坚持"不安全不生产、无监管不作业、不停电不处理故障"的底线原则，形成"自保、互保、联保"的安全壁垒。坚决抵制"差不多"态度和行为，对那些不作为、不落实、不监管、不负责、不规范的人和事，采取经济考核＋业绩考核的办法进行组织调整。

最后是在职工教育上下功夫，对照各自岗位实际，细化流程，精确标准，举一反三掌握岗位安全风险，从事故案例中吸取教训，对号入座，震慑"差不多"思想，坚持正规操作，拒绝违章指挥，时刻做好风险辨识，坚持"我的岗位我负责，我的安全我做主"，从"要我安全"真正转变为"我要安全"。

（二）"虚、实结合"，以"诚"激发工作动力。"务虚与务实相结合"是我们党建工作的基础和工作方向，也是政工干部在"党建＋"工作中的必修课。善于务虚，就是要时刻关注职工队伍思想变化，准确掌握信息，洞事于先，谋定后动；善于务实，就是要说到做到，承诺践诺，不断强化组织凝聚力和向心力。

党总支积极研判职工需求，从办实事角度出发，坚持以人为本，以积极建塑企业"家文化"为主线，主动访民生、解民忧，营造浓厚的"家文化"。例如，积极为劳务人员的待遇问题同有关部门沟通协调，随着劳动保障和待遇问题逐步得到解决，职工思想心态和工作表现有了大幅提升，使他们放下包袱全身心投入到安全生产当中；先后为职工增设成套净水设备、清水管、热水桶、热饭器，改建移动厕所等便民设施；在厂瓦斯区安装小型储物柜，方便职工存放手机、水杯等物品；为相对高温作业岗位配备了工业电扇；在各车间主楼安装小型急救药箱，进一步保障职工身体健康；积极为 320 名涉尘岗位职工联系萨其水雾化理疗，从而减轻煤尘带来的危害，降低煤矽肺的发病率；联合工会为高温岗位发放防暑用品；改建班前会议楼过桥、加装雨棚；等等。通过完成二十余件办实事项目，不仅为职工解决了实际困难，更是得到了职工的认可，让他们从心底带着感恩企业之情爱岗敬业、积极工作，还增强了职工的集体荣誉感和幸福感，进一步激发职工无限的激情和动力。

（三）"内、外有度"，以"责"提升工作效能。 单丝不成线，独木不成林。小到个人，大到团队，没有谁是可以独自完成工作任务的。单位工作更多讲究的是分工与合作。分，可独当一面；合，则事半功倍。分工不分家，同向不同轨，才是科学的任务分配模式，也是提高个人单兵作战能力和提高团队整体作战能力的有效途径。

个别管理人员"事不关己，高高挂起"，缺乏团队意识，把目光全部放在自己的岗位上，认为这就是"分内"，目光短浅、心无格局，不担当、不沟通、不协调，难以开展各项工作。针对这种情况，厂领导采取"任务集成化"管理，凡是工作，在设置牵头部门的同时，要规定好协作部门的职责任务，形成任务各有侧重，部门各司其职，过程同步推进，结果综合呈现的模式，建立部门之间的有机联系，形成"同台补台不拆台"的合作关系。

四、从《什么叫工作到位》一文中实现个人升华

工作到位不只是责任心的体现，更是能力提升的有效手段。

在实际工作中，"工作到位"的标准更契合"闭环管理"的要求，有起点必有终点，要圆圈不要射线。为强化工作执行力，厂里各项工作实施"跟踪落办"制度，事事有人管，件件有落实，随时掌握工作进展关键点，便于解决挡手问题，取得最优结果。在职工中倡导"简单的事情重复做，重复的事情用心做，用心的事情坚持做"，营造"做事比谁思路宽、干活比谁动作快，操作比谁过程细，结果比谁要求高"。通过一点一点积累，一分一分蜕变，最终实现职工个人能力升华，促进队伍整体素质提升。

（作者为一矿选煤厂党总支书记）

在新征程的奋进上继续弘扬精神之光

王志民

精神是一个民族赖以长久生存的灵魂。唯有精神上达到一定的高度。这个民族才能在历史的洪流中屹立不倒，奋勇向前。我们党在长期奋斗历程中形成的优良传统和革命精神，正是这样一笔宝贵的财富，这笔财富代代相传，不断激励着中国人民攻坚克难，努力奋斗。

中华民族是世界上伟大的民族，有着 5000 多年源远流长的文明历史，为人类文明进步作出了不可磨灭的贡献。1840 年鸦片战争以后，中国逐步成为半殖民地半封建社会，国家蒙辱、人民蒙难、文明蒙尘，中华民族遭受了前所未有的劫难。从那时起，实现中华民族伟大复兴，就成为中国人民和中华民族最伟大的梦想。

十月革命一声炮响，给中国送来了马克思主义，给正在苦苦探求救国救民道路的中国先进分子指明了方向，中国共产党应运而生。历史深刻证明，中国产生了共产党，这是开天辟地的大事变。从此中国人民开始从精神上由被动转为主动，中华民族开始走向伟大复兴。

从上海石库门和嘉兴南湖出发，在近百年波澜壮阔的历史进程中，为了实现中华民族伟大复兴的历史使命，无论是弱小还是强大，无论是顺境还是逆境，我们党都初心不改，矢志不渝，领导人民进行了艰苦卓绝的斗争，取得了举世瞩目的辉煌成就。

新民主主义革命时期，为了实现中华民族伟大复兴，中国共产党团结带领中国人民浴血奋战、百折不挠，创造了新民主主义革命的伟大成就，为实现中华民族伟大复兴创造了根本社会条件。社会主义革命和建设时期，为了实现中华民族伟大复兴，中国共产党团结带领中国人民，自力更生、发愤图强，创造了社会主义革命和建设的伟大成就，为实现中华民族伟大复兴奠定了根本政治前提和制度基础。改革开放和社会主义现代化建设新时期，为了实现中华民族伟大复兴，中国共产党团结带领中国人民，解放思想、锐意进取，创造了改革开放和社会主义现代化建设的伟大成就，为实现中华民族伟大复兴提供了充满新的活力的体制保证和快速发展的物质条件。党的十八大以来，中国特色社会主义进入新时代。为了实现中华民族伟大复兴，中国共产党团结带领中国人民，自信自强、守正创新，统揽伟大斗争、伟大工程、伟大事业、伟大梦想，创造了新时代中国特色社会主义的伟大成就，为实现中华民族伟大复兴提供了更为完善的制度保证、更为坚实的物质基础、更为主动的精神力量。正如习近平总书记在庆祝中国共产党成立 100 周年大会上的讲话中指出，一百年前，中国共产党的先驱们创建了中国共产党，形成了"坚持真理、坚守理想"，"践行初心、担当使命"，"不怕牺牲、英勇斗争"，"对党忠诚、不负人民"的伟大建党精神，这是中国共产党的精神之源。伟大建党精神和中国共产党人的精神谱系，是我们党最大的精神创造和宝贵的精神财富。历史川流不息，精神代代相传，这些宝贵财富跨越时空，历久弥新，深深融入到我们党、国家、民族、人民的血脉之中，为我们立党兴党强党提供了丰厚滋养。

人无精神则不立，国无精神则不强。同困难作斗争，是物质的角力，也是精神的对垒。一个企业同样也是如此。作为华阳集团主力矿井的华阳一矿至今已走过 67 载岁月了。从 1956 年 7 月建矿初期"渴饮蒙河水、夜宿茅草棚",到"文革"困境中翻番时期"万颗红心万吨煤、宁愿汗水漂起船、坚决拿下三百万";从行业三年困难时"人人二百三,共同渡难关",到千万吨矿井建设负重拼搏、众志成城,当初投产年产 32 万吨原煤的小矿,已经成长为千万吨矿井。实现了从默默无闻小煤窑到享誉全国特大型煤炭企业的华丽转身,更铸就了以"站排头不让、扛红旗不倒"的争先精神、"特别能吃苦、特别能战斗"的拼搏精神、"团结奋斗、真抓实干"的务实精神、"守正出新、与时俱进"的创新精神和"坚守初心、勇担使命"的奉献精神为内在核心的"一矿精神"。"一矿精神"是对中华优秀传统文化的传承和发展,是伟大建党精神在我矿的真实写照,是对忠诚践行社会主义核心价值观和集团公司干事文化、实干精神的生动诠释,是独具一矿特色的精神谱系,是激励全矿干部职工勇担使命、团结奋斗、再创佳绩的精神支柱和宝贵财富。

"一切向前走,都不能忘记走过的路;走得再远,走到再光辉的未来,也不能忘记走过的过去,不能忘记为什么出发。"回首过去,正是靠着"一矿精神",我矿才能披荆斩棘,一路向前,挺立潮头。展望未来,继续弘扬"一矿精神",为推动我矿高质量发展汇聚强大力量。

坚定信念跟党走。坚定理想信念,坚守共产党人的精神追求,始终是共产党人安身立命的根本。要持续不断加强习近平新时代中国特色社会主义思想的学习教育,做到入耳、入脑、入心,补精神之"钙",固思想之元,听党话,跟党走,做共产主义远大理想和中国特色社会主义共同理想的坚定信仰者和忠实实践者。

唱响矿山主旋律。牢牢把握意识形态工作领导权、主动权、话

▲ 点餐式服务

语权，大力弘扬社会主义核心价值观，深入开展"爱党、爱国，爱企、爱岗"主题教育活动，唱响共产党好、社会主义好、企业发展好、员工效益好的主旋律，让我矿"全国文明单位"这个金字招牌更亮更响。

用心用情办实事。矿工对美好生活的向往就是最大奋斗目标。我矿党政始终坚持人民至上立场，全心全意依靠职工办企业，企业的发展成果由全体职工共享，持续开展"我为群众办实事"活动。自2021年党史学习教育以来，增设了澡堂软化水和饮用水净化系统，整修了女职工澡堂，井下班中餐实现了"点菜式"管理，公管服做到了"三个随时"，即随时换洗、随时缝补、随时领取。今年，我矿又对新浴楼男职工澡堂进行了整修，全矿职工的幸福感持续增强。

致敬最美一矿人。前不久，我矿通风工区二队职工乔峰拾到8万元钱交还失主的善行义举，获得了社会各界的好评，再次为我矿提升了美誉度和影响力。榜样的力量是无穷的。在我矿68载的历史长河中，群星璀璨，烂若星河，有"全国五一劳动奖章"获得者、党的十五大代表邢军，"全国劳动模范"任海平，"感动中国矿工"获得者宋青红，有全国人大代表姚武江，党的二十大代表李杰等，他们是"一矿精神"的最好诠释，是最美一矿人。

伟大的时代呼唤伟大的精神，伟大的精神推动伟大的事业。越是面对大有可为的历史机遇，越是处于爬坡过坎的关键时期，越需要凝聚广泛的思想共识，熔铸坚实的精神支撑。让我们高举习近平新时代中国特色社会主义思想伟大旗帜，在集团公司党委的坚强领导下，在打造"五位一体"、建设"幸福一矿"的新征程上，站排头不让，扛红旗不倒，坚定舍我其谁的信念、勇当尖兵的决心，保持爬坡过坎的压力感、奋勇向前的使命感、干事创业的责任感，让"一矿精神"之光照亮前行之路。

（作者为一矿生产生活服务中心党总支书记）

建树优秀企业文化　聚力打造幸福矿山

周重华

企业文化是推动企业高质量发展的软实力，是提升企业核心竞争力的重要保障。当前，学习贯彻习近平新时代中国特色社会主义思想主题教育和"爱党、爱国、爱企、爱岗"主题活动正如火如荼开展，作为一名煤矿后勤干部，如何将爱之切化为行之实，实干就是最有说服力的答案，我们要以优秀的企业文化为灯塔，努力建树追求卓越的目标文化、风清气正的廉洁文化、团结合作的共赢文化、立说立行的实干文化，以企业文化之光照亮未来发展之路。

一、争一流，重细节，建树追求卓越的目标文化

常言道："没有最好，只有更好。"它告诉我们只有在持续不断的学习和提高自己的过程中，才能在工作中获得更多的机会和成功。可是，"差不多"成为了我们平时工作的一句口头语，很多人工作中只求过得去，不求过得硬，满足于应付了事。要解决这一问题，最根本的就是思想认识问题，要有"不干则已，干就要干出个样子来"，务求尽善尽美的思想目标才行。要有担当的意识、能力和本领；要有攻坚克难、勇挑重担的勇气；要有敢于啃硬骨头，涉险滩、战激流的气魄；要有善于学习、勤于总结的行动。面对诸多"既要""又要""还要"

等两难多难问题，要始终保持如履薄冰的谨慎，思想上再紧一分，措施上再细一分，行动上再快一分，牢牢把握主动权。

二、转作风，守纪律，建树风清气正的廉洁文化

工作作风体现党员干部的政治素养和工作态度，关乎党员干部的形象，也是党员干部为职工群众服务的具体体现。作为党员干部，要以党章党规为镜，在修身律己上下功夫，做到纪律上严格要求自我，心灵深处敬畏组织、敬畏群众、敬畏权力、敬畏责任；在干事创业中坚守底线，把立规矩、讲规矩、守规矩的习惯贯穿到日常的管理工作中，着力提升分管部门干部职工的思想政治素质和业务素养，引导全员树立正确的人生观、价值观、权力观。牢固树立宗旨意识，不断提升服务能力和水平，摒弃办事拖拉、"门难进、脸难看"的工作作风，把素质好、业务能力强、服务态度好、工作作风实的同志派到窗口工作，促进窗口形象全面提升。

三、讲大局，和为贵，建树团结合作的共赢文化

团结是五指紧握成的拳头，团结是细丝拧成的一股绳，团结是万众一心，团结是钢铁长城，团结就是力量。如何才能做到团结协作？主动补台不只是一种工作方法，更是一种品行操守、一种胸怀胸襟。工作中有人补台，就可能避免错误，或是将损失降到最低，世界上没有一个事物是孤立存在的，任何事物都相互联系、相互制约着。同样，很多工作不是哪一个部门能单独完成，也不是哪个人就能单独完成的。所以，要注重培养一花独放不是春、万紫千红春满园的大局观。

我们的企业是一个大家庭，特别是我所在的后勤部门，业务涉及面多，任务繁重，对职工进行科学分工、合理统筹，把合适的人放到合适的岗位，让专业的人干专业的事尤为重要。不管是正职还是副职，不管是管理人员、技术人员还是服务人员，只是分工不同、侧重点不同，都是为了提升企业后勤服务水平。要想集体出彩，必须树立整体一盘棋、同唱一台戏的意识，工作中讲协作，切实发挥"1+1>2"的效应。这不仅是领导干部的事，每个岗位职工、业务人员都要在自己责任制之外相互补台，相互帮助，减少推诿扯皮，才能使工作更完美。

四、重实干，强本领，建树立说立行的实干文化

从"临渊羡鱼不如退而结网"到"惟实可以破天下之虚"，从"道虽迩不行不至，事虽小不为不成"到"坐而论道不如起而行之"，从"耳闻之不如目见之"到"目见之不如足践之"，无不体现了中华民族崇实重干。不当清谈客，要当实干家。作为煤矿后勤服务部门的党员干部，推进后勤精细化管理，全面提升服务水平是一直以来工作的重点。我们要做到想职工之所想，急职工之所急，牢固树立主动化、精致化、科学化、人性化的服务理念，针对后勤管理和服务过程中出现的新问题、新情况，寻求解决的新方法、新举措，把工作做到位。对待职工要热情，服务要真诚，真正做到有求必应，服务到家。具体来说，要重点做好以下几项工作：

一要继续深入开展主题教育和"四爱"活动。结合自身工作实际，开展生产生活服务中心"爱党、爱国、爱企、爱岗"主题活动，突出后勤服务特色，开展好"点菜式"管理、澡堂大整修以及做好公管服发放随时换洗、领取、缝补的"三个随时"。创新开展"最美后

勤人"评选活动，结合年度工作目标台账考评情况做好评选，讲好后勤故事，充分展现后勤干部职工的良好风尚。

二是严格正风肃纪管理，深入自查自纠。严格开展党纪国法教育，教育引导广大党员干部群众明法纪、知敬畏、存戒惧、守底线。深入开展重大节日期间正风肃纪工作，着重抓好节日期间落实中央八项规定精神及纠治"四风"这两项长期政治任务，重点针对"四风"突出问题深入开展自查自纠，持续强化干部作风建设。抓牢"关键少数"，定期对"五类主管"人员开展廉政预警谈话，切实做到超前预防。积极推动四级联动工作，每月组织纪检委员、党小组监督员针对工资奖金分配、矛排纠纷、现场隐患等事项开展检查，切实将问题矛盾解决在现场。

三是强化安全宣传教育，坚守安全红线。认真学习领会习近平总书记关于安全生产工作的重要论述，牢固树立"人民至上、生命至上"理念，严格落实党政同责、一岗双责，强化对安全生产工作的组织领

▲ 焕然一新的职工澡堂

导，抓早抓细抓实安全思想教育，有效防范各类安全事故。健全完善问题隐患反馈机制，畅通岗位工反馈隐患问题渠道，及时落实责任人限时整改，将隐患消灭在萌芽状态。抓好"12·60"安全不放心人员管控，重点对心脏病、脑梗、精神疾病、癫痫等不放心人员加强监管，合理调整岗位，尽量避免单人单岗。深入开展"十真"管理工作，抓好职工岗位操作要领和应知应会内容的学习掌握。

四是切实办好民生实事，提升职工幸福感。开展北浴楼澡堂大整修工程，进一步提升职工洗浴舒适度；对班中餐进行整修，全面更新操作间墙地砖、下水道、烟道、油烟机、新风系统、吊顶、顶窗、灶台等设施；重新改造任务楼停车场月季园；更新洗衣组洗衣机，提升公管服清洗工作效率；持续改善澡堂环境，有效提升澡堂地面清洁效果。积极学习兄弟标杆单位的先进经验，组织科队干及相关业务人员去太化集团、阳泉宾馆等先进单位学习参观，深入学习其高效先进的工作流程、服务标准，不断提升会议服务、文明用语、饭菜营养搭配等对外接待服务水平。

习近平总书记说过："幸福都是奋斗出来的！"幸福一矿也需要我们一代又一代人接续奋斗，风雨兼程。当前正值我矿"五位一体"现代化精品标杆矿井建设的关键时期，让我们脚踏实地、奋楫争先，把平凡的工作干到极致，用辛勤的汗水与不懈的奋斗谱写企业高质量发展的崭新篇章！

（作者为一矿生产生活服务中心主任）

以实干笃定前行　踔厉奋发开启未来

付　凯

"实干笃行"是中国的一个古训，是中国人民的优良传统，也是中国的一种文化特色，强调的是实际行动和执行力。习近平总书记指出，要培养担当实干的工作作风，不尚虚谈、多务实功，勇于到艰苦环境和基层一线去担苦、担难、担重、担险，老老实实做人，踏踏实实干事。担当实干，是我们应有的工作作风和优良品质，是成长成才、干事创业的现实要求与价值坐标。

近期，我认真研读了《干好工作18法》，受益良多，感触颇深。"不要差不多，盯住最完美""长计划、短安排、立即做""日清月结、有条不紊"，每一条工作法都直击心灵，切中实际，告诉我们梦想不会自动成真，唯有靠实干来实现。

一、实干，就得有勇于自省、正视短板的勇气

一矿是集团公司的大矿老矿，走过了68载峥嵘岁月，经过一代又一代人的辛勤耕耘和接续奋斗，业绩斐然，功勋卓著。但是面对当前新的形势与任务，我们必须勇于离开功劳簿、走出舒适区；必须勇于反躬自省，刀刃向内，刮骨疗毒，摒弃"差不多"思想，清醒认识自身存在的问题和短板。例如，在智能化矿井建设方面，一矿智能化

和 5G 技术应用起步晚、底子薄，自动化系统的集成度较低，员工对煤矿智能化基础理论缺乏认知；在队伍建设方面，高技能人才储备不足，尤其是具备煤炭开采、信息技术、人工智能等相关知识的复合型人才匮乏；职工素质能力与新时期高素质产业工人队伍要求存在较大差距；干部执行力、落实力弱化，工作标准不高，担当履职意识不够强。在党组织建设方面，个别基层党支部管党治党责任传导不够，党内政治生活不够规范，党员对标一流、创新争优意识不强，先锋模范作用发挥不够充分。综观以上问题和短板，我们必须从根本上破除一切顽瘴痼疾，才能推动各项工作向更高层次迈进，才能开创一矿全方位高质量发展新局面。

二、实干，就得有因势谋远、创新驱动的魄力

以打造本质安全型、高产高效型、绿色发展型、智能示范型、党建引领型"五位一体"现代化精品标杆矿井为目标，把创新创效渗透到企业的各个系统、各个环节，为全方位推动高质量发展蓄势赋能。

推进互联网、大数据、人工智能同安全生产深度融合，提升矿井安全治理体系和治理能力现代化水平；向智能化要效率，以建设高标准智能化采掘工作面为引领，完善配套智能保障系统；向智能化要效益，分系统、分专业制定智能化建设规划，典型示范、推广经验，力争打造智能化产业集群。积极引进先进装备，充分发挥煤巷掘锚一体、小断面岩巷盾构机等先进装备最大功效，着力提高单产单进水平；加大安全投入力度，上装备、强技术、严管理，把提高综合灾害防治能力作为工作重点，着力提升安全保障能力；坚持向源头设计、设备管

理、先进技术装备要效益，着力提升降本盈利能力。

三、实干，就得有举旗领航、夯基固本的坚定

坚持党的领导是国有企业的"根"和"魂"，高质量发展越向纵深推进，就越要强化党组织建设，聚力打造以"旗·首"为核心的党建"一字"品牌，以高质量党建为企业高质量发展保驾护航。

在提升党组织战斗力创新力上下功夫。一是充分发挥班子"头雁"效应。加强理论学习，认真落实"第一议题"制度，固化提升"4+"学习工作法，不断提高政治判断力、政治领悟力和政治执行力；严格执行"三重一大"事项集体决策制度和党委会前置程序，规范党内政治生活，高质量开好民主生活会，在相互提醒中增强共识，在通力协作中干事创业；坚决破除因循守旧思想，跳出一矿看一矿，找差距、补短板、强弱项，不断提高办矿能力和办矿水平。

二是充分发挥基层组织"磁石"效应。全面提升党支部书记素质能力，扎实推动党建与中心工作深度融合，全面引深党建特色品牌创建工作，深入开展"一支部一计划""一支部一品牌""党建+"等活动，把支部的战斗堡垒作用充分体现到保安全、促生产、增效益、降成本上来。

三是充分发挥党员先锋模范效应。引深党员"六比六争"活动，深入开展党员安全生产、创新创效、降本增效、遵纪守法系列创建活动，亮出党员身份，叫响党员称号；以党员的政治品质、职业素养、工作业绩为主要依据，与党员评星定级有机结合，大力选树、宣传表彰学习成才、爱岗敬业、创新创效等岗位明星党员。

在打造优秀干事创业团队上下功夫。一是优化环境引才。以企业

▲ "四爱"主题教育宣讲活动

需求为导向,靶向引才,在采掘开等生产队组和关键技术岗位储备一批高学历、高职称专业技术人员,逐渐优化操作员工队伍。坚持在工作生活中关心人,在创新实践中培育人,在事业发展中凝聚人,逐步形成"人才支撑发展,发展造就人才"的良好局面。

二是创新形式育才。突出知识化高素质,强化管理人才培养,建设一支觉悟高、业务精、作风硬、会管理的干部队伍。突出专业化高技术,强化专业技术人才培养,锻造一批敬业奉献、具有突出技术创新能力、善于解决复杂技术难题、能够攻坚重点工程、攻克重点项目的技术尖兵和业务精英。突出熟练化高水平,强化技能人才培养,培养造就更多的知识型、技能型、创新型"一矿工匠"。

三是健全机制用才。加强干部梯队建设,健全完善干部管理评价考核体系,形成好学上进、廉洁干事、务实求效的新风正气;充分发挥高技术人才传帮带作用，破解制约安全生产的"卡脖子"难题；健全完善技能人才评价管理制度，实现高技能人才质数量双提升；以劳动预备制学员为重点，依托三级培养体系，不断壮大既具有爱岗敬业良好道德品质和职业素养，又勇于开拓创新的操作员工队伍。

在营造风清气正发展环境上下功夫。一是扎牢监督笼子，提高监督实效。突出政治监督，贯通日常监督、专项监督，紧盯"关键岗位人员"，形成"抓在日常、严在经常、改在时常"，全面覆盖、权威高效的常态化监督机制；深入推进制度"废改立"，将制度优势最大限度转化为治理效能。

二是深化作风建设，严肃执纪问责。持之以恒纠"四风"、树新风，严查隐形变异问题，不放过苗头倾向问题，坚决防止"四风"反弹回潮。深化运用"四种形态"，严查靠企吃企、内外勾结侵吞企业财产等顽症，严惩"关键少数""关键岗位人员"腐败问题，持续强化"不敢腐"的震慑。

三是涵养廉洁文化，厚植清风正气。深入贯彻集团公司政治文化、廉洁文化，发挥廉政警示教育基地作用，开展廉政大讲堂、典型案例宣讲、送纪送法进车间进队组等形式多样的廉政宣教活动，加强理想信念、党纪国法、企业制度规定和案例警示教育，教育干部职工守住干净做人的底线，时刻保持怀德自重、自强自律、清正廉洁。

在全力维护企业和谐稳定上下功夫。一是永葆职工群众幸福感。常态化开展"我为职工办实事"实践活动，让职工吃得更称心、洗得更舒心，出行更便捷、生活更体面；做实做细大病医疗互助、金秋助学、困难职工帮扶、三节慰问等活动。

二是永葆职工群众荣誉感。大力弘扬劳动精神、劳模精神、工匠精神；深入推进"3+9"安全文化建设，让企业文化、一矿精神内化于心、固化于制、深化于行，不断擦亮"全国文明单位"的金字招牌。

三是永葆职工群众归属感。发扬新时代"枫桥经验""浦江经验"，用好信访事项化解"1+5"工作法，充分发挥"职企连心"平台作用，把思想政治工作与信访工作紧密结合、深度融合，把矛盾化解在基层、消灭在萌芽状态，为企业改革发展营造和谐稳定环境。重拳打击盗公案件和黑恶势力，抓实人防工作，强化技防投入，加大案件查处力度，建设更高水平的平安一矿。用好"户外劳动者爱心驿站""职工心灵驿站""女工家属协管工作站"等阵地，不断提升为职工群众服务的能力，为企业高质量发展营造和谐稳定、健康向上的良好环境。

（作者为一矿办公室秘书）

厚植"爱党、爱国、爱企、爱岗"情怀
以实际行动助推企业高质量发展

按照集团公司党委开展"爱党、爱国、爱企、爱岗"主题活动的要求，一矿党委结合自身实际，建立"15561"体系，以扎实有效的措施和抓手，确保主题活动落地见效，团结带领全矿广大干部职工踔厉奋发，勇毅前行，以更加昂扬的姿态展现新担当新作为。

"1"是围绕一个主题。以"旗·首"党建工作品牌为引领，大力传承和弘扬"一矿精神"，深入开展"爱党、爱国、爱企、爱岗"主题活动，助推企业安全生产经营各项任务指标完成。

"5"是淬炼"五心"，筑牢理想信念根基。

践"初心"，夯实理论基础。创新实施"4+"学习工作法，组织职工认真研读《善待你所在的单位》《什么叫工作到位》等篇目和文章；在早调会采取"周小学"的形式，班子成员带头领学《干好工作18法》，相互之间谈体会、谈感受，形成学思践悟闭环体系。

聚"红心"，传承红色精神。组织正、副职级干部，前往阳泉市两新组织党建中心参观学习，拓展思路，开阔视野；组织党员骨干、新发展党员赴红色教育基地、抗战纪念馆开展主题党日活动，赓续红色血脉，传承红色精神，提升党性修养。

强"信心"，力争提质增效。组织理论宣讲小分队，深入生产一线、车间队组，为职工群众宣讲我矿邢军、任海平、姚武江、李杰、杨清、李晓明等劳模标兵担当奉献的感人故事，累计覆盖 65 个基层单位 3568 名职工，激励和引导干部职工珍惜岗位、敬业奉献。

守"廉心"，恪守职责担当。深入开展"送廉到现场·清风润华阳"廉政宣传活动，组织全矿党员干部职工参观廉政教育基地，聆听家风故事，持续筑牢拒腐防变思想防线。

保"恒心"，推动高质量发展。利用班前班后会、"二五"安全活动等形式，常态化开展事故案例警示教育，引导职工从思想上筑牢安全防线；组织职工围绕"岗位安全怎么抓"，深入开展专题研讨，号召全矿干部职工把心思用在工作和推动企业发展上。

"5"是五个"聚焦"，推动企业各项工作取得实质性进展。

聚焦支部建设，强化党建引领。聚力打造以"旗·首"为特色的党建工作品牌，高标准开展"三会一课"、党支部过筛子、党建项目化、"一支部一品牌"、党员"六比六争"活动。通风工区党总支开展精品党支部建设，创新开展"有爱互助"志愿者服务队、"示范引领促提升，安全生产标准化上台阶"、"反躬自省，共筑安全"自省台等六个子品牌项目，不断丰富和拓展党建工作内涵。

聚焦"十真"管理，筑牢安全防线。认真贯彻落实集团公司安全生产"十真"管理，开展"五查"，查集团公司、矿安全会议精神是否及时传达贯彻到队组班组，查职工对上级会议精神的理解掌握情况，查抓三违、查隐患是否拼凑指标，查"两长一员"是否在岗在位，真正履职尽责、发挥作用，查安监员是否以隐患、"三违"为筹码"吃拿卡要"，累计发现和查处 19 条问题，经济处罚相关责任人 51000 元，以严的手段和举措，形成大抓安全、真管安全、严管安全的工作态势。

聚焦信访稳定，化解矛盾纠纷。全力推广党委书记信访接待日、多部门联合接访等工作制度，拓展延伸总支、支部书记信访接待，8月份，累计接待群众来访20批26人次，努力推动各类信访问题化解，为我矿高质量发展创造稳定环境。充分利用职工诉求平台，"零距离"服务职工群众，让数据"多跑路"，职工"少跑腿"，妥善解决职工群众反映的考勤管理、工伤待遇、工龄认定、后勤服务等方面89项诉求，使大量矛盾问题化解在萌芽状态。

聚焦创新创效，助推提质增效。按照"党政主导、系统牵头，订单培训、分段考核，对标总结、提炼推广"模式，稳步推进12个井下重点工种实操培训，定期举行各工种技术比武，淬炼技术本领。以支部为单位，大力开展"一工种一视频"岗位正规操作培训活动，利用微信工作群、"班前、班后会"等形式和载体，组织职工观看学习，提升职工综合素质。

聚焦民生实事，提升幸福指数。建立完善"我为群众办实事"长效机制，坚持开展义务剪发、维修家电、点餐式服务、免费血压测量、雨鞋修补等小切口项目，重点解决井下劳动时间长、职工停车难、退役困难军人帮扶等重点民生事项。定期开展团体心理健康辅导，缓解职工工作、生活压力。举办丰富多彩的文娱活动，不断丰富职工业余文化生活。

"6"是抓好六项创新工作，不断升华和拓展"爱党、爱国、爱企、爱岗"主题活动内涵。

——围绕集团公司、矿职代会精神，开展形势任务教育，为广大职工明思路，增动力，把牢"方向盘"，锤炼"精气神"。

——结合我矿"七个强化""三个第一""八个坚持"安全管理经验，开展护佑安全主题活动，全面推行党员包保活动，构建支部、党员、职工三级联动体系，让安全真正成为我矿高质量发展的有力保障。

——充分运用思想政治"百十一"工作法暨"支部书记进百家""和谐稳定十排查",建立健全答疑解惑机制,支部书记走出去问、沉下去听,及时化解矛盾。

——邀请资深媒体人、舆论引导和危机处理专家,结合舆情事件典型案例,详细阐述和讲解网络舆情的处置方法和应对技巧,切实提升全矿各级干部舆情研判和应急处置水平。

——全覆盖推行"四个四"工资奖金听证会制度,坚持做到纪检委员无死角"四查"、职工群众全天候"四问"、工资分配全方位"四调"、监督效能全过程"四检",有效确保工资奖金分配公正透明。

——强化劳模选树,注重在生产一线、吃劲岗位、技术领军人才中选树先进典型,落实好配套政策和待遇,激励广大职工崇尚劳动、热爱劳动、辛勤劳动、诚实劳动。

"1"是实现一个愿景。通过开展"爱党、爱国、爱企、爱岗"主题活动,团结带领全矿广大职工,坚定理想信念,扛起责任使命,体现担当作为,在安全生产的第一线奋勇拼搏,在创新创效的主战场刻苦钻研,在成长成才的道路上苦练本领,为我矿高质量发展和集团公司转型升级提供坚强有力的支撑。

案例 2

一矿青年乔锋好样的

2023 年 10 月 27 日上午，市民张先生将一面写有"拾金不昧、品德高尚"的锦旗及一封感谢信，赠送给一矿通风工区二队瓦检工乔锋及所在单位，对其拾金不昧的行为表示诚挚的谢意。

这件事还要从 10 月 26 日说起，早上 8 点左右，乔锋带着孩子去城区妇幼保健医院看病，看到自己电动车旁边的共享电动车上放着一个黑色的手提包，打开包一看，里面居然存放着大量的现金。乔锋心想，丢失了这么多钱，失主一定很着急，应当会返回寻找。他就在原地等候，但 20 多分钟过去了一直不见失主前来。于是，他来到附近的小阳泉南社区请求帮忙寻找失主。上午 10 点左右，乔锋在社区工作人员的陪同下，一起来到新华西街派出所，说明情况后，将捡到的手提包交给民警，民警现场查验后共计 8 万元。"正好，刚才有人报案丢失了财物。"说着，民警拨通了失主的电话。经民警确认无误后，将 8 万元现金归还给了失主张先生。"丢失两个多小时后，钱款一分不少，十分感谢这位先生。"张先生领回失而复得的手提包后十分高兴，对拾金不昧的乔锋连声道谢。

原来，当时失主张先生骑着共享单车，携带 8 万元现金到市妇幼保健院办事。"我到达目的地后，由于着急处理工作上的事情，一时疏忽，将装有现金的手提包遗忘在了电动车上，等我发现丢失后去寻找，手提包已经不在车上了。"走出派出所后，张先生拿出现金塞给乔锋以示感谢，乔锋摆摆手，婉言谢绝："这没什么，举手之劳，我只是做了我应该做的。作为连续6届荣获'全国文明单位'一矿的一名员工，我认为我身边的人都会及时地寻找失主归还。"后来，张先生专门制作了锦旗，并写了感谢信送到单位。于是就有了文章开头那真挚的一幕。乔锋自2006年到一矿上班以来，工作中勤勤恳恳、认真踏实，生活中乐于助人、诚实守信。

这次拾金不昧的行为在广大市民中广为流传，引来全网点赞。在乔锋身上，充分体现出了华阳职工爱岗敬业、朴实无私、助人为乐的优良品德，当前正值开展"四爱"主题活动，我们也号召广大干部职工以他为榜样，以实际行动践行社会主义核心价值观，让文明素养内化于心、外化于行，弘扬中华民族传统美德，传递满满正能量。

矿工满意是我们的目标

再过几个月，一矿生产生活服务中心工装组组长王慧琴就要退休了。在这个岗位上干了近 20 年，她是真心舍不得离开。

王慧琴自担任组长以来，坚持"职工至上、微笑服务"的工作宗旨，带领全组职工尽心尽职，确保让矿工兄弟穿上干净的衣服。组里现有职工 14 名，承担着一矿 5239 名职工 10478 套工作服的清洗、烘干、缝补及收发工作，全天候为职工提供公管服的清洗、缝补、烘干、上架等优质服务。

没有到过洗衣组的人，很难体会到她们工作的辛苦。虽然说现在大部分洗衣工作都实现了机械化，但是不少工装上沾满了水泥、油渍等污物，这不得不单独用碱水浸泡，再一点点将其搓洗干净。每个班下来，她们都累得腰酸背疼，由于终年与冷水打交道，她们的手常被浸泡得发白蜕皮。冬天，她们的双手容易长冻疮、裂口子；夏天，操作室内温度高达 40℃，闷热难耐。然而，王慧琴和组员不怕苦、不怕累，坚持正常作业，她们用自己的汗水，默默为后勤服务工作奉献着。

王慧琴在班前安排工作时，从洗衣、烘干、叠放、缝补到对号入箱都做了详细的说明，针对每位组员的具体情况为她们安排岗位，如有人生病不能到岗，她就自觉顶岗作业，确保完成日洗 1000 件以上的任务。此外，她急职工所急，想职工所想，不断规范服务工作程序，严格工作标准，确保了各项工作正常进行。积极开展巾帼文明岗优质服务竞赛活动，创建文明窗口，规范服务内容，提倡文明用语，开展亲情服务，对生产一线职工笑脸相迎，做到来有迎声、走有送声。为了更好服务职工，王慧琴专门安排2名组员到新浴楼二层为职工缝补工作服、钉纽扣，使职工少跑路，此举深受矿工兄弟的好评。

"让矿工兄弟满意是我们一直以来的工作目标，大家穿得舒心，工作才能更安心。"王慧琴说。整洁的工装凝结着王慧琴和组员对矿工的浓浓关爱之情，她们扎根平凡岗位，用亲切的态度贴心服务着每一位矿工。

擎旗奋进再出发

爱岗敬业篇

对话劳模李杰：成绩是通过一次次实践一次次总结得来的

李彦斌

李杰是山西华阳集团新能股份有限公司一矿机电工区高级技师，工作 26 年来，李杰处理了上万起井下电气设备故障，有"矿上华佗"之称，曾荣获全国劳模、全国技术能手、全国最美职工等荣誉称号。同时，他还通过劳模创新工作室，带出大批技术骨干。其中，24 人成为技术骨干，3 人被评为全国技术能手，7 位徒弟拥有以自己名字命名的工作室。在近年举办的多届全国煤炭行业职业技能竞赛中，李杰或是作为教练员带队参赛，或是担任裁判，他的多名徒弟进入综采维修电工组前三名，有一次更是包揽了赛项前三名，他自己也被评为全国煤炭行业技能大赛优秀教练员。

从一名综采维修电工到井下设备的矿山"华佗"，是什么激励您为之奋斗？分享下您的奋斗经历。

李杰：我是"煤二代"，17 岁从阳煤技校毕业后，就踏踏实实在煤矿落脚，也记住了父亲的话，"当工人要有上进心，要当有技术、有水平、含金量高的工人"。井下机电设备出现故障，我总是自告奋勇，冲在前、干在先。这些年来，我参与处理了上万起井下电气设备故障，通过一次次实践、一次次总结，取得了今天的一点成绩。

经历了煤矿由机械化、信息化、自动化到智能化的发展，我越来越觉得，当工人的乐趣就是在工作中不停地学习提高，不停地完成任务出成果，这让我收获了创造的快乐，也实现了人生的价值。

现代科技迭代升级日新月异，智能化矿山建设成了您的新"战场"。您的工作发生了什么样的变化，做了哪些努力适应新的工作？

李杰：科学技术迅猛发展，新材料、新工艺、新工具不断涌现。要想做最优秀的技术工人，就必须紧跟时代的步伐。

从地下到"云上"，煤矿智能化不能"另起炉灶"。井下七八个厂家的设备功能大同小异，但线路布设、数据端口等大相径庭，智能化系统集成厂商人员犯了难，而我们熟悉设备情况要找到下手点。

受新冠疫情影响，厂商人员到不了井下现场，眼看智能化工作面建设要延后，我们决定自己动手安装调试智能化设备。得益于此前推进2个智能工作面建设时在旁"观战"积累的经验，我们团队4人在厂商人员远程指导下，前年完成了19个采掘工作面的智能化建设任务。我想讲的是，新时代的产业工人只有不断学习、提升自己、勇于挑战，才能与新技术新设备同步迭代升级，始终紧跟时代趋势。

利用李杰劳模创新工作室平台，您带出大批技术精英和骨干，积极做好传帮带工作，有哪些经验分享？

李杰：作为一个工人，将知识、技能用于工作，创造性地解决一个个难题，攻克一个个难关，真快乐。这一点，一定要有切身感受。要通过技能比武检验技术工人钻劲、干劲、闯劲，形成技能人才成长梯队。

开始带徒弟时，从安全角度考虑，设备逐台过、手把手地教。因为井下有上百台高压电气设备，如果技术不纯熟造成意外，后果不堪设想。随着智能化程度提升，在井上通过笔记本电脑就可以调整井下的情况，带徒弟更要注重引导从"被动"接受变为"主动"探索，否则难以应对不断更新的机电设备。

有什么话想对青年技能人才分享？

李杰：社会上有种倾向，认为衡量个人价值似乎就剩下工资收入。青年工人受此影响，容易产生急功近利、好高骛远的心态。青年工人要多听听劳模工匠的故事，激发责任心和主人翁意识，做到干一行、爱一行、精一行、专一行，踏踏实实提高技能，在实干中实现人生价值。

现代产业工人正在从"出大力，流大汗"向知识型、技能型、创新型方向转变，青年技术工人要抓紧时间充实自己，充满抱负和上进心，走技能成才、技能报国之路。

工作中有什么印象深刻的事？

李杰：技能比武比的是扎实的技能功底和临场的心态发挥，只有在平时的工作和训练中达到严苛的标准，才能在赛场取得好成绩。我是第六届全国煤炭行业职业技能竞赛综采维修电工组第三名，隔年的第七届全国煤炭行业职业技能竞赛，我的徒弟一举夺得冠军，有一次还包揽了前三名。青出于蓝而胜于蓝，看到徒弟们夺得好名次，是我极其高兴、极为幸福的时刻。

（刊发于《工人日报》2023 年 5 月 9 日）

传承工匠精神　践行技能报企

姚武江

面对未来，我会继续秉承工匠精神，刻苦钻研技术，充分发挥好党员的先锋模范作用，将感恩化为力量，以忠诚回报企业，用责任书写担当，用执着和奋斗描摹出我们技术人员该有的样子。

我特别想和企业说声"感谢"，说一声"我爱你，华阳"，是你成就了我，为我搭建众多平台，才让我有机会传承工匠精神，践行技能报企。

一、以信仰初心指引实践之路

回顾13年的从业生涯，我感触颇深，我也深刻地体会到：成功并非偶然，而是日积月累的必然。我坚信，技术是根本，是立足岗位所必需的。无论从事什么岗位，都不应该朝单一方向发展，只有具备综合素质的人，路才能越走越宽。我希望，通过自己的努力，把握自己的人生。

把握人生从选择煤矿机电开始，我要从自己第一次下井说起。

从坐猴车再到人车，我一路兴奋加紧张，时时刻刻期待到站下车。下车后，我们到丈八三区一路巡检，我满脸兴奋，心里期待着第二天继续下井，但美好的心情从走进总回风后悄然转变了。丈八三区到井底车场，6000 米的总回风，1 小时的路途，时不时来一阵小风吹吹，我一手拿柳帽一手拿头灯，摇摇晃晃总算从总回风"爬"出来了。

我还记得第一次跟着师傅维修高压开关时的情景。当时，我对设备设计原理、布线方式一窍不通，只能站在一边看着。有人小声说了一句："还技术员呢，连个机电故障都处理不了……"这句话时常在我耳边响起。

我始终记得一肚子理论毫无用武之地时的不知所措，我把这些都当作鞭策，并给自己立下目标，必须学好技术、练就立身的本领。我深深感到书本知识与现实工作的差距，强烈的本领恐慌，让我在接下来的日子里甘于吃苦。

为了学懂弄通机电维修技术，我开始了恶补，不断翻阅变频开关相关图纸资料，研读《矿用变频器使用与维修》《可编程控制器原理与应用》等教材，还独立编写了各种简单程序。为了尽快掌握技术，我把"训练场"搬到了家里，不是花费十几个小时摆弄模型，就是钻进书里好几个小时不出来。我利用业余时间上网查资料，如果有新想法，就用现有设备，尝试能否解决生产中遇到的疑点、难点问题，努力将自己的设想转化为成果，让机电设备真正为我所用。

二、以理想之光映照事业光辉

能站在全国性比武的舞台上，和优中选优的高手过招，就是一次很好的学习机会。即使没有取得很好的成绩，也是收获满满。

2011 年"晋城煤业杯"第四届全国煤炭行业职业技能竞赛中，因为实操成绩拖了后腿，只获得第十名的我开始下功夫攻实操。带着不服输的劲头，我继续征战 2013 年"平煤神马杯"第五届全国煤炭行业职业技能竞赛，只围绕考纲备战的我面对陌生考题时，乱了阵脚，颗粒无收，于是，我选择继续奋斗。

2015年"冀中能源杯"第六届全国煤炭行业职业技能竞赛，我再次出马，捧回第八名。这次，我看到了自己和高手之间的差距，回来后反复加以练习，不断精进技艺。我在心里默默地问自己："这是你的最终实力吗？"我自问自答："不是。"

我一边踏实工作，一边勤加练习，"金牌梦"始终在我心里。2017年"同煤杯"第七届全国煤炭行业职业技能竞赛，我成了金牌得主，终于梦想成真。比武赛场讲究"真刀实枪"，能够全面提升参赛选手的综合业务水平。每次参加比武，我的知识储备、技能水平都会在短时间得到很大提升。这就是我热衷比武的缘由，也是开启我人生理想的奋斗之路。

为满足现代煤炭企业对煤矿机电基层操作人员的要求，2014年，以我名字命名的大师工作室在一矿正式挂牌成立，而我也成了华阳集团最年轻的技能大师。

秉承"精益求精、持之以恒、严谨严肃、道技合一"的工匠精神，我把每台设备打造成精品，把每项工作做到极致，编教材、做实验、传帮带，组织起一个勇于攻关、善于创新的团队。同时，大师工作室积极尝试"1410"制度，即：1个大师带4个学员培训，4个学员带10个班组职工培训，从而实现全员集中培训，打造了人人争先锋、学技能的目标。在这种环境的影响带动下，职工的技术水平和创新能力也迅速提高了。

姚武江大师工作室在2017年被评为山西省职工创新工作室。以大师工作室为依托，我们的团队还时常进行小发明、小革新，先后研制完成"皮带集控装置改造""高效运转式带式运输机设计""井下局扇控制系统改造"等 150 多项创新成果，多次荣获华阳集团、阳泉市、山西省科技创新奖项。我个人也有 1 项技术发明和 2 项实用专利，多项成果在实践应用上发挥了积极作用，同时我还发表了 10 多篇机电相关论文，解决了井下生产系统中的各类问题，直接创造经济价值近千万元。

努力付出的同时，我也收获了很多荣誉，先后获得全国技术能手、山西省特级劳动模范、全国五一劳动奖章等荣誉，并入选山西省"三晋英才"计划。2018 年 1 月，我还当选为第十三届全国人大代表。这些荣誉，是鞭策、是激励，也让我深感幸福生活必须靠奋斗来实现。

三、以实际行动赓续时代使命

在当选全国人大代表的这五年期间，我积极宣传华阳故事。两会归来后，我精心准备课件，把两会的声音送到工友身边。此外，我还坚持到一线调研走访，关注企业发展，倾听群众呼声，履行好人大代表的职责使命。

作为人大代表，我了解企业发展状况，能够反映企业和职工真实的呼声。成为全国人大代表以来，巷道有多长，我履职的脚步就有多坚实。这几年，我相继提出为煤企转型升级提供充足人才支撑、推进新能源储能产业发展等建议，推动煤炭产业、煤矿建设不断向前发展。

面对日益短缺的技能人才，我积极呼吁与发声，提高技能人才待遇的建议已经落地，我也希望我们的技能人才弯下腰、俯下身、沉下心、好好干，干出成绩、干出业绩，成为企业的顶梁柱，成为各行各业的行家里手。

两会归来，我总会听到这样的声音："矿工、技能大师、华阳人、人大代表，你比较看重自己的哪个身份？"我会毫不犹豫地说："是'华阳人'这一身份，因为如果没有一矿给予我的平台，我不会走进人民大会堂，可能现在的我还在为了生计四处奔波。"

面对未来，我会继续秉承工匠精神，刻苦钻研技术，充分发挥好党员的先锋模范作用，将感恩化为力量，以忠诚回报企业，用责任书写担当，用执着和奋斗描摹出我们技术人员该有的样子。

（作者为一矿机电工区副主任）

综采队的"文人队长"

——记"全国煤炭工业劳动模范"、华阳集团一矿调度室主管刘世明

张 哲

脸庞白白净净、宽大圆润，架一副黑框眼镜，咋看都是一个文静、儒雅的文人，更无法让你把他跟煤炭、煤矿、采煤联系起来。而他，偏偏是跟煤打交道的主，并且是煤矿最厉害的"综采队长"。

他叫刘世明，是华阳一矿调度室主管。2023年4月，他被国家人社部、中国煤炭工业协会联合授予"全国煤炭工业劳动模范"荣誉称号。

这个"文人队长"有什么绝活？这个"劳动模范"又是怎么练成的？

一、掘进跑出"加速度"

刘世明是一个技术型的综采队长。他2009年8月参加工作，出了大学的门进了一矿的门，身上始终带着"大学生"的文人气质。但干起活来，丝毫不缺煤矿工人的豪气。实干、敢干、能干，成为知识、技术与勇敢、奉献熔铸出的定型产品，成了这位"文人队长"的特殊气质。他当队长时，也成为敢打硬仗、善打硬仗的一支王牌综采队。采掘一线遇到生产难题，"没问题，我们上"。

15401工作面地质构造多、动压显现明显，开采难度较大，在先

后更换了几个采煤队生产不见起色后，刘世明带队全面接管。他扑在工作面仔细勘察，组织队组班子成员、技术骨干一起深入研判，凝聚共识，集思广益，分析诸多不利因素，科学制定施工方案，合理安排工序出勤，迎难而上，有效应对，保证了工作面正常推进，圆满完成15401 的回采任务。

15402 工作面地质环境复杂，末采筑拆架巷施工遇到新问题多、突发情况多，工程异常艰难。他带领队组灵活应对、排险克难，每推进一茬，打眼 70—80 个，然后爆破、装岩、割煤，稳扎稳打，有序推进，高质量完成了 15402 工作面回采任务。

他带领大伙既干最危险的"回采"，又干开拓性的"初采"，件件啃的都是"硬骨头"。15305 工作面过 130m×100m 的大型构造中，他带领队组每天在构造区要打 200 个炮眼，用药量达 148 公斤。在异常艰苦的条件下，他们付出常人难以想象的勇气、体力和毅力，保持了月推进不低于 60m 的掘进进度。

连续几年，他带领队组年年刷新产量纪录，又在 2021 年以 207 万吨的产量超额 90 万吨完成了一矿下达的保供任务，并创造了新的队史纪录。

他抓产量不忘抓安全，在连续保持多年无重伤事故佳绩的同时，带领队组在 2022 年度创造了全年无工伤事故的新纪录，让该队成为华阳集团叫得响的安全高效优秀采煤队组。他本人也被集团公司授予"安康杯"竞赛先进个人荣誉称号。

二、队组管理"多面手"

刘世明也是一个善管理的综采队长，他抓班子带队伍思路清、管理细、要求严，多了些"精细化""专业化"特色。

每天第一个来，最后一个走，这是刘世明当队长的基本功。他总是第一时间到达工作面查看作业现场情况，掌握每个班"两个端头进度"和"两溜搭接"等情况；每次交接班后离开工作面前，他都要仔细检查回风巷超前支护抬棚到端头支护质量、上下隅角的落实情况、工作面的工程质量、两巷的文明生产整治等工作情况，然后在班后会上逐一点评、检点落实。他总是想在职工前面、干在职工前面，职工们说："下井别人踩着刘世明的脚印走，升井他踩着工人脚步走。"

善于思考、勤于总结，让刘世明的队组管理"抓出了花"。他在实践中摸索总结出了"控制两头、压实中间"工作法。"控制两头"就是抓住班前会、班后会和"二五"安全会，高质量进行安全工作安排、安全落实分析，"压实中间"就是抓实职工上岗期间的队干跟班巡查、岗位工班中隐患自查和安全员安全督查，从而形成了一整套的队组安全生产管理新模式。

职工们说，刘世明思路清晰，能抓住重点；思路开阔，有点子、善创新；真抓实干，带头先干。跟着这样的队长有干头也有劲头。

三、勤学筑起"工匠梦"

刘世明还是一个学习型的综采队长。入职以来的 14 年，是他扎根采煤一线的 14 年，也是干中学、学中干的 14 年。这些年来，他的学习一刻也没有放松，只不过是把学习的课堂从大学的教室转移到了十里矿山。

2014 年，刘世明工作的第五个年头，在《中国科技博览》上发表了他的首篇论文《一矿大采高工作面工艺探讨和研究》；第二年，又以第一作者身份在《煤炭科技》上发表了《深井复杂条件下冲击危险分析及防止》一文，体现出很强的研究能力。

他有一个很大的特点，就是除了善于向书本学，还特别善于向实践学、向同事学。人们常常看到，他在就某个"小问题""小故障"向有经验的技术工人、老工人请教；遇到比较复杂的问题、新发的问题，他会请技术工人、老工人一起琢磨分析，从思维的碰撞中擦出灵感的火花来。

靠这种"钻"劲，他在很短的时间内完成了从刚入职时的"学生娃"到一名采煤一线的"熟练工""技术员""技术大拿"的蜕变。

入职刚满一年，他就被一矿聘为采煤助理工程师；刚满第四年，又被聘为采煤工程师，取得了中级工程师职称；入职将满十年，被任命为综采一队支部书记；五个月后，被任命为综采队长。他在队长岗位上干了三年零三个月，于2023年3月1日晋升为华阳一矿调度室主管。

他的努力得到组织和工友们的充分认可。入职第三年起，他连续三年被一矿评为"优秀高校毕业生"；此后先后荣获"2019年度集团公司优秀高校毕业生""2020年度华阳一矿先进生产工作者""2021年度华阳集团公司劳模标兵""2022年度华阳一矿劳动模范"等荣誉称号。

他主持的"革新劳动组织，提高采煤效率""改造采煤工艺，打造高产队组"等技术课题相继被应用到生产实践中，产生了良好的经济效益。

四、用心带好"娃娃兵"

刘世明知道，当一名合格的队长不仅要善于抓生产、保安全，而且要善于抓思想、带队伍，把队组团结得像一个人、锻造得像一块铁。

2020年、2021年，一矿给综采队先后分配进34名刚出校门不久的"娃娃兵"。如何帮助他们"系好当工人的第一粒扣子"，成为摆在刘世明面前的一道新课题。

这个"文人队长"又一次显露出他"能文能武"的特殊才能。他首先研读了各种资料，研究青年人的思想特点；其次搞调查研究，与青年职工交朋友、谈思想，了解他们的现实需求；然后制定方案，推出教育培训、导师带徒、竞赛牵引"三位一体"的"新入职员工养成计划"。

一是抓理论学习实操培训。建立"一周三培"制度，组织青年职工学习党的创新理论，开展"爱我矿山、争做主人""矿兴我荣、矿衰我耻"教育，安排队组技术员和具有多年实操工作经验的老师傅，传授采煤机、液压支架、乳化液泵站和运输系统的理论、操作知识。

二是抓"导师带徒"绩效考评。组织老职工与新入职员工结成师徒对子，传承实操技术和优良作风，培养青年职工健康成长。特别是建立"导师带徒"绩效考评制度，将徒弟的成绩与师傅的绩效挂起钩来，用"微激励"激发"强动力"。

三是抓劳动竞赛激励牵引。开展了"做合格员工、争当优秀员工"劳动竞赛活动，以"抓安全、促生产、求效益"为竞赛内容，实行班组责任制，明确安全网员、群监员、青安岗员、党团员的责任划分，充分调动每个队员的主人翁积极性，形成创先争优、比学赶超的生动局面。

在刘世明的带领下，这帮"娃娃兵"迅速融入队组、融入企业，成为热爱矿山、技术过硬、勇挑重担的新工人，成为华阳集团一矿高质量建设国家首批智能化示范煤矿的生力军。

（刊发于《山西工人报》2023年7月3日）

甘做井下技术兵

——记综采维修电工金奖获得者杨清

张园园　王　伟

人才培训中心（党校）的东北角，在一座堆满仪器设备的厂房内，一矿机电工区职工杨清和他的小伙伴正一丝不苟反复练习，各种开关特征、元件布局、线路编号都了然于胸。

"华阳杯"第十五届全国煤炭行业职业技能竞赛实操现场，随着裁判长发出"开始"的命令，杨清沉着冷静，停电、开盖、验电、放电、接线、故障处理……经过一系列精准流畅的操作，杨清提前完成了竞赛项目。

从五十多平方米的训练场到"群雄逐鹿"的国赛赛场，杨清精益求精、匠心不移，甘做井下技术兵。最终，他凭借着扎实的功底、出色的发挥，一举夺冠，获得了综采维修电工金奖。

一、赛场上——打的就是心理战

"能进入国赛赛场，大家都是经过层层选拔的高手，竞赛的关键就是考验选手的心理素质，打的就是心理战。"杨清在赛后说。

比赛当天，杨清抽签抽到第五场 1 号赛位的顺序，到达指定赛位时被告知设备故障未复原，需要去备用 1 号赛位考试。"当时心里一紧，担心备用机器会不会和其他考试的机器不一样，会不会有更多的故障。"杨清说。平时的高质量训练为竞赛打下了坚实的基础，杨清逐渐放平心态，有条不紊、沉着应战，没有被这突如其来的"意外"打乱阵脚。

胆大心细者胜。综采维修电工的竞赛，不仅考验选手对故障排查恢复的准确性，也有严格的时间限制。按照实操竞赛规定，每名选手有3个故障需要处理，杨清连续发现和处置了2个可编程控制箱上的故障后，看了一眼剩余时间，果断去变频调速一体机上找故障，然后恢复、上电、设置参数、试机、写故障……一气呵成，各项操作均规范到位。

"成了，成了！"规定时间还未结束，赛场外等候的队友和教练就听到了杨清完成比赛后激动的声音。"我们知道杨清顺利完成了比赛，整理好工具箱走出考场，都激动不已。"集团综采维修电工选手、一矿机电工区职工李斌斌说。

二、训练中——下苦功才能练真功

"杨清的弱项是理论考试。"采访时，党的二十大代表、一矿机电工区职工李杰作为杨清的教练直言不讳，"集训时的理论考试达不到100分，就会被直接淘汰，失去参赛资格。"为了激励学员，教练使出了"非常手段"，集训选手要趴在地上边做平板支撑边练习理论题库，只有全部答对才能起立。

为了理论考试达到百分水平，杨清抽出一切时间加强学习。"集训的时候是6个人，我们有2台设备练习实操。别人练习实操的时候，我就抓紧时间学习理论。分数相同的情况下，理论考试的完成时间成了竞赛成败的关键，所以我们必须又快又准地完成理论考试。"在单位工作间隙，在家休息间隙，杨清不仅抓紧一切时间练习，还每次在手机上模拟考试的时候根据易错点，设置选项乱序、错题优先，把自己不懂的收藏起来。89 道收藏题，见证了杨清实现从 99 分到 100 分的飞跃。

在实操环节，杨清同样下足了功夫。6 名集训选手，成了在一个战壕里摸爬滚打的战友，白天杨清训练时，大家为他录制视频，晚上再投影到教室屏幕上一起分析存在的问题。"以前接线的时候，我拼速度，结果线鼻子压不紧等小问题成了扣分项，在大家互相'找茬'后，我转变了思路，稳中求快才能保证接线质量。"扎实有效的训练，让杨清的实操水平得到不断提升。

三、工作后——传承工匠接力棒

干一行要精一行，干一行也要爱一行。2010 年参加工作的杨清，在学校学的就是机电专业。经过儿次集训，杨清处理井下设备故障的思路更清晰了，也熟练掌握了电气系统的工作原理，积累了故障判断及处理的经验。

量的积累，会引起质的变化。国赛场上的故障库里有 150 种故障，而现实工作中遇到的设备故障则更多。

为了让所学知识真正助力井下安全生产，杨清总是抱着厚厚的专业书籍给自己充电，只要一有时间，就虚心向师傅、向教练请教设备的使用方法和维修技巧。凭借着这股韧劲，杨清成了独当一面的技术能手。

有一次，井下变频开关发生漏电顶闸故障，队组电工一直没找到故障原因，他们就赶紧联系杨清来处理故障。"他及时找到了故障原因，原来是变频器里的一个驱动模块损坏了，处理完故障，设备又能正常运行了。"一矿机电工区党总支书记张鹏举说。

抓住机电就是煤。机电维修的工作任务等不得也拖不得，杨清深知机电维修的重要性。十多年来，无论严寒酷暑、白天黑夜，哪里发生故障，哪里就有他的身影。"李杰、姚武江都是综采维修电工的行家里手，我要向他们学习，把综采维修这门'手艺'传承下去，带动更多职工学技术、长本领，当好井下安全生产的技术兵。"

竞赛获奖后，杨清第一时间回到工作岗位，将国赛现场的经验传授给更多"后来人"。

"90 后""煤亮子"成长记

冯 倩 商 勇

春节期间，一矿综采四队高校毕业生副队长王健像往常一样，坚守在工作岗位上，虽然工作很苦，但是经过两年的"摸爬滚打"，他早已成长为独当一面的技术大拿，凭借努力与坚持一步步走来，一点点进步，不断突破自己。

一、毛遂自荐进矿山

2020 年 8 月，毕业于河南理工大学矿业工程专业的"90 后"硕士研究生王健，选择加入华阳集团一矿，妥妥成为一名科班出身的"煤亮子"。

如果说填报志愿选择矿业工程专业，王健是为了找到一份"铁饭碗"工作，让生活在农村的父母过上好日子，那么进入华阳、来到一矿，则是他深思熟虑、努力争取的结果。

王健的应聘要求有两条"硬杠杠"：一是作为家中唯一的儿子，毕业后尽量离父母近一些，方便照顾；二是到一家大型煤企工作，将所学知识学以致用，在广阔的人生舞台上施展抱负、大展拳脚。

"一矿是华阳集团主力矿井，拥有 60 多年发展历史，多年来积极引进新工艺、新装备、新技术，加快推进产能提升基础建设，在降本增效上下功夫，实现矿井从生产型向生产经营型转变。"网上查询和导师推荐，王健将目标锁定在华阳集团一矿。

校园招聘会上，王健第一时间向集团公司投递简历，随后来到阳泉，向人力资源部提出到一矿工作的意愿和缘由，他的执着与真诚受到了工作人员的肯定。2020 年 8 月，王健如愿以偿。

二、小确幸＞苦脏累

来到一矿，王健踏上了他的轮岗之路——在 4 个不同领域的队组各实习 3 个月，尽快了解和适应煤矿工作。和其他矿工一样，刚开始下井的那段日子，王健并不习惯，内心也经历了一番挣扎。"书本知识与现实工作存在很大差距，优越感没有了，取而代之的是本领恐慌；每天早出晚归，月月满勤，基本与太阳无缘；井下巷道个别区域照明条件不好，全凭头上的矿灯，能见度不到 2 米，伸手不见五指；升井后，脸洗好几遍还像化了'烟熏妆'；女朋友嫌太忙，微信成了'留言板'。"

那时，王健脑子里出现过放弃的念头，但一个个小确幸让他渺茫重复的日子充满了幸福感。

成为矿工之前，王健以为矿工就是"大老粗"，没想到矿工师傅身上有很多优点——直率而真诚，严肃的外表下藏着一颗温暖的心。"生活上，他们帮初来乍到的我租房，带我熟悉阳泉；工作上耐心指导，严肃指出问题，可以说每段历程都有不同收获。"王健侃侃而谈，"在综掘三队，我第一次见到陷落柱，老师傅把陷落柱的判断与处理经验毫无保留地讲给我；在通风二队，老师傅告诉我'瓦斯猛如虎'，测风务必准确，我也见识到了华阳独有的瓦斯治理方法——高抽、低抽；在综采四队，我从标准化工作入手，认识到'标准化也是生产力'；在机电一队，我意识到这是'良心活'，即使是检修小小的隔爆开关，也要在关盖前做好清洁，没人监督、全靠自觉，考验的是人品和态度。"

"我这两年工资挣了不少，每月还有 3000 元的租房补贴，集团也有福利房政策，今年我计划买套属于自己的房子，把家安在这里。"王健的幸福感溢于言表。

三、实干收获成就感

俗话说，师傅领进门，修行在个人。掌握一定的煤矿实践经验后，王健不再按部就班完成队里安排的工作，而是积极进行小改小革，解决安全生产中遇到的各种难题。

"皮带机头的卸载点铁挡皮能有效防止落煤抛洒，保障现场环境卫生，但重 200 斤左右，三四个月就得更换一次，王健另辟蹊径，将一块大的铁挡皮分成五小块，更换更加轻松，安全更有保障。他设计的工作面的摄像头架子和灯光支架，有效避免了逆光监控失效现象，保证了井下视频监控效果……"一矿综采四队党支部书记李晋伟对王健的小改造赞不绝口，虽不是大的技术创新，但实实在在解决了工作中长期存在的问题。

2022 年 9 月，王健当上了一矿综采四队副队长，一矿首个智能化综采工作面——81404 工作面成为他的"主战场"。该工作面设备列车处设立集控中心，在工业以太网数据传输平台的基础上，运用电液控制、顶板压力检测、大型故障诊断等系统，建立采煤机路径规划和液压支架自适应控制体系，实时修正综采设备动作，实现了作业过程无人直接干预、远程控制、安全高产高效的智能化采煤。这让王健找到了努力的方向。

（刊发于中新网山西新闻 2023 年 1 月 28 日）

向下扎根在煤海　向上生长做栋梁

——华阳大学生采掘队长的故事

王　洋　　王　伟

头戴安全帽、身穿工作服、腰佩自救器、脚踏雨靴……在一矿井下，有这样一群人，他们来自五湖四海，他们热爱矿山、扎根煤海，迅速完成从大学生到一线队长的蜕变，他们是肩负重任的兵头将尾，誓要做矿山后起之秀。今天，让我们一起跟随记者深入一矿井下，听一听大学生采掘队长们奋斗的故事。

一、齐英：“现场是最好的教科书”

乘猴车8分钟，然后坐人车40分钟，再徒步30分钟，记者来到了一矿15304工作面，伴随着机器轰鸣声，采煤机上巨大的“转盘”不断“撕裂”着煤层，一块块“乌金”掉落到刮板输送机上，然后缓缓运至地面。

“15304工作面走向长1535米，剩余走向长150米，现在我们所处的位置是工作面第19架，使用的采煤机是德国进口的，具有故障率低、机械化程度高等优点，为安全高效开采提供了有力保障……”说起井下生产情况，一矿综采五队副队长齐英头头是道。

齐英，1994年8月出生于山西省朔州市，2019年6月毕业于辽宁工程技术大学，取得了矿业工程专业硕士学位。上学期间，齐英跟随导师参与了"低透气性高瓦斯矿井"项目研究，让他对煤矿有了一定的了解，也因此与华阳集团结缘。

实践出真知。齐英认为，仅仅理论扎实是不够的，现场是最好的教科书。参加工作后，他把更多的精力放在一线，努力适应井下作业环境，很快与煤矿工人打成一片，从一知半解到自己编写出第一本规程，从跟着师傅学习操作到独自带班组织生产……经过近4年的时间，齐英得到了历练。

2022年2月，15304工作面进入大型过构造期。"第一次遇见这么大型的构造，一开始我们采用八点班打眼、放炮，四点班生产、割煤的传统作业方式，但由于构造时间长，导致八点班劳动强度大、工作效率低。"齐英说，"针对这一情况，我们想了一个办法，四点班提前进行停机打眼，再由八点班进行放炮，让八点班上井的时间提前，调整职工的作息时间，让大家能够保持充沛的精力和体力。"

队长带头干，职工跟着干。过构造期间，齐英主动放弃休假，经常在工作面"蹲守"十几个小时，第一时间组织大家解决现场的问题。11月底，综采五队平稳渡过了此次大型构造。

二、王浩然："基础管理是最关键一环"

在15304工作面，同样担任一矿综采五队副队长的王浩然正在认真查看顶板支护情况。

"顶板支护是安全高效开采的根本保障。"王浩然说，"一直以来，我们通过加注煤岩体加固剂，就是俗称的胶，进行顶板维护，但15304工作面过构造期间，边缘地区顶板条件不是很好，注胶量较大，

部分地段需要人工运输，施工效率和质量都不太理想。"

喊破嗓子不如干出个样子。王浩然深知，大学生队长不能只会"纸上谈兵"，更要"躬行"到位，切实帮助队组解决实际问题。最终，他凭借扎实的理论功底，认真查阅技术资料，反复推敲试验，与大家密切配合，在回风巷安设远程注胶泵，采用远距离注胶工艺，确保了工程顺利完工。

时间的指针拨回到 2017 年，中国矿业大学采矿工程专业毕业后，王浩然也面临着最重要的选择。了解到华阳集团非常注重人才培养，因而他选择了这里。参加工作后，拉架、放煤、扛柱，生产一线处处都有王浩然的身影，无论条件多么艰苦，他都咬牙坚持了下来。王浩然平均每月下井班数 16 次以上，每班下井时间 14 小时以上，最长的一次，在工作面处理机电设备故障，持续了近 25 个小时。

井下多变的地质条件激起了王浩然浓厚的学习兴趣和强烈的求知欲望。"工作面顶板破碎、滚帮流矸的情况下，怎样管理维护顶板？""遇到过构造，如何调整循环？"遇到难点，王浩然总喜欢刨根问底。功夫不负有心人，2022 年，在第 22 届全国煤炭行业职工职业技能示范赛上，王浩然获得了采煤机司机工种铜奖。

随着时间的推移，王浩然对安全生产工作有了更深入细致的了解。"采煤工作面基础管理是最为关键的一环，特别是在设备检修上，把油脂加注、螺栓紧固等基础工作做实、做细、做标准，就能降低设备事故率，保障安全生产。"王浩然说，"下一步，我们面临搬家倒面，要科学制订计划，合理排布工期，保质保量完成末采收尾工作的同时，提前做好新工作面的设备检修调试及标准化工作，为高产高效打好基础。"

三、魏国帅:"坚持以创新思维破难题"

离开 15304 工作面,步行 15 分钟,乘人车 15 分钟,坐猴车 5 分钟,记者来到了一矿开拓二队负责施工的 15405 高抽巷。

开拓二队副队长魏国帅正在安排当班作业:"大家要打起十二分精神,密切注视顶板和两帮的矿压显现,及时跟进顶、帮支护,爆破后要在警戒距离外等候 30 分钟,确认炮烟散尽、通风正常、无有毒有害气体,才能进入作业现场。"

"要用自己所学的知识改变命运,要用现代科学技术改变人们对煤矿的误解。"2018 年 6 月,魏国帅从太原理工大学矿业工程专业毕业后,选择回到华阳。"我爷爷和父亲都曾是一矿职工,所以我对煤矿有着特殊的感情,毕业后决定回到家乡、来到华阳,接过他们的'接力棒'。"魏国帅说。

扑下身,才能沉下心。从小长在矿山的魏国帅,不仅熟悉煤矿环境,还了解矿工想法,他很快融入了新的工作环境。4 年的时间,从普通工人到见习技术员,再到副队长,魏国帅对生产现场的了解,从一个头面、一个采区逐渐扩展到全矿,掌握的知识也从简单的炮掘工艺逐渐扩展到综掘、综采的方方面面,实现自我蜕变。

勤钻研、善思考是魏国帅的"标签"。2022 年,他参与编写《低位抽放巷掘进期间断面优化推进方案》,提出解决低位抽放巷遇 K2 石灰岩时,掘进效率低下和材料消耗严重的新设想。同时,开拓二队在保证安全的前提下,克服过构造、搬家倒面、过空巷等困难,实现安全生产标准化动态达标和成本管控不超支,完成全年任务指标的120%。

士不可以不弘毅,任重而道远。2023 年怎么干?魏国帅表示,要坚持以创新思维破解难题，乘远距离可视化管理和5G智能化矿山建设的东风，积极学习新装备、新技术、新工艺，进一步提升掘进科技含量，提高单进水平，以崭新的姿态、用奋斗的脚步诠释新时代大学生采掘队长的风采！

人在事上练，刀在石上磨。齐英、王浩然、魏国帅用辛勤的汗水、用智慧和力量谱写着美丽的青春华章，他们是华阳大学生采掘队长的缩影，他们用实践证明，投身矿山、扎根煤海是正确的选择！未来，将有更多大学生采掘队长在华阳这片热土上向下扎根，淬炼自我，弄潮煤海，共同成长。

（刊发于《华阳科技报》2023年4月3日）

煤海深处的"开路先锋"

——记一矿生产衔接部综掘一队

张 哲

这是一支掘进劲旅，战斗在地下数百米的煤巷；

这是一支安全铁军，保持着最长安全生产无事故纪录；

这是一支红旗工队，党支部标准化建设让队组"团结得像一块坚硬的钢铁"攻坚克难勇往直前。

这就是有煤海深处的"开路先锋"之誉的华阳集团一矿生产衔接部综掘一队。

华阳集团一矿生产衔接部综掘一队始建于 2005 年 3 月，下设 1 个检修班，3 个生产班，现有职工 82 人，其中技师 9 人，高级工 26 人，中级工 24 人。全队实行"二九一六制"作业，主要担负着采煤工作面的进风巷、回风巷、切巷及低抽巷掘进任务。2022 年度圆满完成矿下达的各项指标任务，安全生产标准化动态验收工程经集团公司及矿多次检查全部达到特级水平。

一、科学组织提升进尺目标

在煤矿，综采掘进就是最硬的活，"开路先锋"的称号就很形象地说明了一切——百米地下浩瀚煤层本没有巷道，有了综掘队组，才

有了纵横密布的巷道，把埋藏在地下的乌金源源不断地送到地面。

综掘一队就是这样的"开路先锋"，而且是"最硬核"的安全高产队组。

"保证进尺"是综掘一队向一矿的响亮承诺。为了确保完成掘进任务，一队领导班子坚持"科学＋实干"，强化生产组织、提高进尺任务、提高安全生产标准化水平。151405低抽巷施工的最后400米遇到意想不到的困难，井下地质构造异常复杂，机械作业条件极差，而与其衔接施工的151306低抽巷也因基础工程较差，需要频繁进行机电安装。面对种种不利条件，生产衔接部和综掘一队领导第一时间深入井下进行实地研勘，察看现场、查阅图纸、反复推演，对症下药制定出化险为夷、稳中求胖的施工措施，及时攻克了生产难题，实现了进尺计划分寸不减。2022年1月至12月一矿给综掘一队下达的计划进尺是1890米，实际实现进尺是1974米，超额完成了一矿下达的生产指标。

二、动态达标提升安全水平

在综掘一队，"安全"是天字号工程。

综掘一队把安全生产作为队组管理的第一责任，建立安全生产责任制，完善安全管理制度，推行安全生产标准化动态达标。

树牢安全意识。坚持"安全第一，预防为主"生产方针，确立"安全是管出来的"安全理念，通过"二五"安全活动和班前、班后会，组织职工认真学习习近平总书记关于安全生产的重要论述和国家相关政策法规、企业具体制度规定，进行典型事故案例警示教育，强化职工的安全意识，使"上岗不忘安全第一，离岗不忘第一安全"的意识

深入人心。

严格安全标准。认真执行安全生产标准化新标准，加强现场管理，夯实标准化基础工作，以工序质量促工程质量；狠抓职工正规操作，坚持教育职工上标准岗，干标准活，干放心活，坚持正规循环操作，杜绝工序上的违章行为和日常习惯性违章，从规范人的作业行为上杜绝各类事故的发生。

严细工序管理。坚持抓细节、抓岗位、抓配合、抓协调，干一道工序合格一道工序，一道工序不合格不得进入下一道工序。作业人员每一道工序出现问题必须现场整改，直至达到标准要求，从根本上消灭不合格品。

"五个一条线"既是综掘一队的安全规范标准，也是他们的安全达标结果。即坚持做到皮带架支垫一条线，风水管电缆吊挂一条线，材料摆放一条线，工具箱放置一条线，锚杆锚索施工一条线。这一简单、管用的做法，成为安全生产的一道坚固屏障。

狠抓现场管理。全队上下，劲往下使，眼往下盯，根往下扎，认真执行干部跟班生产制，在管理上能够做到发现总是到现场、落实措施到现场、处理问题到现场的"三到现场"。加大动态安全生产标准化检查工作力度，在各生产班组开展工程质量自检、互检、专人检查，确保人人达标、岗岗达标、班班达标。

落实安全责任。建立人人有指标、人人有责任、事事有人管、人人都管事的安全生产责任构架。提高安监员、群监员补助标准，开展"安全随手拍"活动，组织职工发现和杜绝安全隐患。在生产中严格执行安全生产一票否决制，严格落实生产责任制，明晰激励制度，加大奖惩力度，对造成质量问题的责任人，按责任大小给予相应经济处罚，并通过班前会等形式进行公布，强化全队职工的安全生产责任意

识，形成了人人管生产安全、保工程质量的浓郁氛围。

三、党建引领提升队建质量

在综掘一队，党支部是最坚强的战斗堡垒。

综掘一队党支部扎实推进党支部标准化建设和党风廉政建设，建立"第一议题"制度，规范"三会一课"制度，一体推进思想、组织、制度和廉洁建设，将组织基础牢牢扎根在煤巷深处。

支部活动丰富多彩。班前会上的理论宣讲，主题党日活动的现场教学，传统节日的走访慰问，用最贴心的形式、最实在的行动、最暖心的语言，把一队职工紧紧凝聚在党的旗帜下，推动形成和谐互助的新型人际关系。

民主管理激发活力。坚持实行"队务公开""分配公开"，在每月初把计划进尺指标的 110% 分解落实到三个生产班组，把生产进尺与队干、职工工资挂钩，及时公布职工的每班所挣公分，通过每月全员工资奖金分配听证会，让职工第一时间了解自己当月劳动所得、队组各项工作和经营指标，以及职工月度各项奖金、劳动所得。及时上墙公布每个职工每月工分、工资、奖金，让职工领钱领得明明白白，干活干得痛痛快快。

职工们心里更加亮堂了、生活更有奔头了、工作的干劲更足了。大家心往一块想、劲往一处使，一心一意为华阳集团一矿建设高质量本质安全矿井、深化国家智能化示范煤矿建设挥洒汗水、添砖加瓦。

（刊发于《山西工人报》2023 年 7 月 3 日）